本书的出版得到西华师范大学出版基金、西华师范大学科研启动基金的资助

戴 彬 著

产业技术创新战略联盟风险管理研究

The Risk Management of Industrial Technology Innovation Alliance

社会科学文献出版社
SOCIAL SCIENCES ACADEMIC PRESS (CHINA)

目 录

前 言 ·· 1

第1章　绪论 ·· 1
1.1　本书写作的背景与意义 ·· 1
1.2　本书的研究目标与研究方法 ·· 11
1.3　本书的逻辑结构和主要内容 ·· 15

第2章　相关理论与研究文献综述 ······································ 20
2.1　产学研合作创新理论与研究文献综述 ·························· 20
2.2　技术联盟理论与研究文献综述 ···································· 34
2.3　风险管理理论与方法综述 ·· 43
2.4　系统科学和综合集成方法理论综述 ····························· 47
2.5　本章小结 ·· 51

第3章　产业技术创新战略联盟风险管理总体架构 ············· 53
3.1　产业技术创新战略联盟风险及其管理的内涵 ················ 53
3.2　产业技术创新战略联盟风险管理过程框架 ··················· 57
3.3　基于综合集成方法的产业技术联盟风险管理模型 ··· 67
3.4　本章小结 ·· 75

第4章 产业技术创新战略联盟风险识别模型 …………… 77
4.1 产业技术创新战略联盟风险识别的含义和
　　基本原则 ……………………………………………… 77
4.2 基于综合集成方法的产业技术创新战略联盟
　　风险识别模型 ………………………………………… 81
4.3 产业技术创新战略联盟风险识别模型应用
　　实例分析 ……………………………………………… 86
4.4 本章小结 …………………………………………… 100

第5章 产业技术创新战略联盟风险评价模型 …………… 102
5.1 产业技术创新战略联盟风险评价问题
　　研究现状 …………………………………………… 102
5.2 产业技术创新战略联盟风险评价方法和思路 …… 103
5.3 产业技术创新战略联盟风险的灰色模糊综合
　　评价模型 …………………………………………… 109
5.4 产业技术创新战略联盟风险评价模型应用
　　实例分析 …………………………………………… 118
5.5 本章小结 …………………………………………… 124

第6章 产业技术创新战略联盟风险防控模型 …………… 126
6.1 产业技术创新战略联盟生命周期分析 …………… 127
6.2 面向产业技术创新战略联盟全生命周期的
　　风险防控模型 ……………………………………… 137
6.3 产业技术创新战略联盟风险防控的核心要素 …… 139
6.4 产业技术创新战略联盟风险防控模型的
　　非核心要素 ………………………………………… 185
6.5 本章小结 …………………………………………… 197

第7章 本书结论、创新点与研究展望 …………………… 199
7.1 本书结论 ………………………………………… 199
7.2 本书的创新点 …………………………………… 203
7.3 研究展望 ………………………………………… 205

参考文献 ………………………………………………… 207

附录 A 产业技术创新战略联盟风险因素
开放式调查问卷 ……………………………… 222

附录 B 产业技术创新战略联盟风险因素
赞同度调查问卷 ……………………………… 224

附录 C 产业技术创新战略联盟风险评价指标
重要度调查问卷 ……………………………… 226

附录 D 产业技术创新战略联盟风险水平和信息
把握度调查问卷 ……………………………… 228

后 记 …………………………………………………… 230

图目录

图 1-1　本书逻辑结构 ……………………………… 16
图 2-1　综合集成过程 ……………………………… 50
图 3-1　产业技术创新战略联盟风险管理过程框架 ……… 60
图 3-2　产业技术创新战略联盟风险管理的
　　　　HWME 模型 ………………………………… 71
图 3-3　HWME 模型的控制与反馈 ………………… 73
图 3-4　基于 Multi-Agent 的产业技术创新战略联盟
　　　　风险管理系统的概念模型 …………………… 74
图 4-1　基于综合集成方法的产业技术创新战略联盟
　　　　风险识别模型 ………………………………… 85
图 4-2　产业技术创新战略联盟风险因素体系 ……… 100
图 6-1　产业技术创新战略联盟全生命周期模型 …… 132
图 6-2　面向产业技术创新战略联盟全生命周期的
　　　　风险防控模型 ………………………………… 137
图 6-3　产业技术创新战略联盟成员评价指标体系 … 144
图 6-4　产业技术创新战略联盟成员 i 成本曲线 ……… 161
图 6-5　产业技术创新战略联盟风险转移具体方式
　　　　选择程序 ……………………………………… 184
图 6-6　产业技术创新战略联盟风险防控总体策略 … 188
图 6-7　产业技术创新战略联盟风险管理组织结构 …… 196

表目录

表 2-1 国内外学者对技术联盟的不同分类 …………… 36
表 4-1 产业技术创新战略联盟风险因素 ……………… 89
表 4-2 产业技术创新战略联盟风险因素赞同度
       评分的平均值和方差 ………………………… 91
表 4-3 产业技术创新战略联盟风险因素的 KMO、
       Bartlett's 检验 ……………………………… 94
表 4-4 因子旋转结果 …………………………………… 95
表 4-5 观测变量共同度 ………………………………… 95
表 4-6 因子载荷矩阵 …………………………………… 96
表 5-1 产业技术创新战略联盟风险评价指标体系 …… 115
表 5-2 各指标主观权重、客观权重和组合权重 ……… 121
表 6-1 候选联盟成员 1 的专家评价结果 ……………… 149
表 6-2 一、二级指标权重 ……………………………… 151
表 6-3 联盟风险各类转移方式特性比较 ……………… 183

前　言

　　日益激烈的全球化竞争和日益多样化的客户需求对企业的技术创新能力提出了更高的要求。企业仅仅依靠自身的有限资源已难以实现技术创新，尤其是重大技术创新（如产业共性技术创新等），企业必须在一定范围内通过"合作"整合技术创新资源。在此背景下，产业技术创新战略联盟应运而生。2008年12月，科技部、财政部和教育部等国家六部委联合下发了《关于推动产业技术创新战略联盟构建的指导意见》，大力推动产业技术创新战略联盟的发展。据统计，自"钢铁可循环流程技术创新战略联盟"等四大产业技术创新战略联盟成立以来，数控机床高速精密化联盟、存储技术联盟、TD通信技术联盟等一批新的产业技术创新战略联盟相继成立，涵盖了汽车、钢铁、装备、石化、纺织、有色金属、电子信息、生物医药、新能源、现代农业等产业。产业技术创新战略联盟作为一种以企业为主导、以大学和科研机构为辅助的技术合作创新组织形式，能够集成产学研各方优势，在较短时间内实现重大技术突破，加快科技成果的产业化和市场化进程。产业技术创新战略联盟对于我国建立技术创新体系、提升自主创新能力将起到关键性作用，对于我国建设创新型国家具有重要战略意义。"产业技术创新战略联盟"这一组织形式固然有其自身的诸多优点，但这一组织形式的"信息不对称性""成员主体多样性""组织临时性""契约不完全性""创新前沿性"[①]等特征，也使其比单体企业面临着更为复杂和突出的技术创新风险。实践表明，该组织形式失败率偏高，其风险问题不容忽视。然而，产业技术创新战略联盟风险问题并未引起人们的足够重视，研究成果尚不丰富，且存在一些不足，亟待进一步深入和系统地研究。

基于上述背景，本书对产业技术创新战略联盟风险及其管理问题进行了深入和系统的研究。本书首先对国内外相关研究文献进行调研，指出了过往相关研究中存在的不足，如"研究缺乏系统性""研究中未认识到联盟风险管理的复杂性""研究视角定位不明确"等；针对以上不足，本书通过综合运用"产学研合作创新""技术联盟""风险管理""系统科学与综合集成方法"等相关理论，从联盟整体视角出发，对产业技术创新战略联盟风险管理中的风险识别、风险评价和风险防控等问题进行了较为系统的研究，提出了一个由"联盟风险识别模型""联盟风险评价模型""联盟风险防控模型"所构成的产业技术创新战略联盟风险管理方法体系，以期为国内相应风险管理实践提供理论支持。

本书主要包括六个方面的内容。

[①] 产业技术创新战略联盟主要从事产业共性技术创新，该类技术创新相对于一般的产学研技术创新更具前沿性，创新失败的可能性更高。

(1) 产业技术创新战略联盟风险内涵及其管理过程框架。在综合分析相关风险定义的基础上，从"项目管理"视角，对产业技术创新战略联盟风险及其管理的内涵进行了界定。同时，本书通过借鉴一般风险管理过程理论，构建了产业技术创新战略联盟风险管理过程框架，该框架由"联盟风险识别""联盟风险评价""联盟风险防控"三大模块构成。以上研究内容为本书的后续研究界定了研究对象和研究范围。

(2) 基于综合集成方法的产业技术创新战略联盟风险管理模型。首先对产业技术创新战略联盟风险管理的复杂性进行了简要分析，并在此基础上，将"综合集成方法"引入联盟风险管理的研究中，构建了"产业技术创新战略联盟风险管理的 HWME 模型"和"基于 Multi-Agent 的产业技术创新战略联盟风险管理系统的概念模型"。

(3) 基于综合集成方法的产业技术创新战略联盟风险识别模型。在简要分析联盟风险识别问题复杂性的基础上，将"综合集成方法"引入联盟风险识别问题的研究中，构建了联盟风险的综合集成识别模型；并运用该模型，对国内某产业技术创新战略联盟的风险识别问题进行实例分析，得到了该产业技术创新战略联盟的风险因素体系，同时也验证了以上识别模型的合理性。

(4) 产业技术创新战略联盟风险的灰色模糊综合评价模型。针对"联盟风险评价过程中兼具模糊性和灰色性"这一特征，在一般模糊综合评价模型的基础上，通过引入"点灰度"和"广义三角模算子"，并运用"层次分析法"和"粗糙集"进行组合赋权，构建了产业技术创新战略联盟风险的灰色模糊综合评价模型。最后以国内某产业技术创新战略联盟的风险评价为例进行实例分析，对该联盟的风险水平进行评价的同时，也验证了以上评价模型的合理性。

（5）面向产业技术创新战略联盟全生命周期的风险防控模型。借鉴"企业生命周期理论"，本书将产业技术创新战略联盟生命周期分为"酝酿期""组建期""运作期""解体期"四个阶段，并构建了"产业技术创新战略联盟生命周期模型"。同时，还对联盟整个生命周期中可能出现的风险诱因进行了分析。基于以上对于"联盟生命周期"以及"风险诱因"的分析，构建了面向产业技术创新战略联盟全生命周期的风险防控模型。该模型由联盟风险防控的"目标""总体策略""管理组织""基本方法与工具""外部环境""内部措施"六部分组成，其中，"内部措施"为该模型的核心要素。

（6）产业技术创新战略联盟风险防控的内部措施。本书的联盟风险防控内部措施具体包括"联盟机遇识别机制"等九个机制，这些机制涵盖了联盟的整个生命周期。本书重点讨论了其中相对更为重要的六个机制，包括"联盟成员选择机制""联盟成员利益分配机制""联盟内信任机制"等。

第1章 绪论

1.1 本书写作的背景与意义

1.1.1 写作背景

1.1.1.1 产业技术创新战略联盟方兴未艾

据有关资料记载，20世纪初发达国家经济增长中有5%~20%来自科学技术的贡献，到了20世纪中叶此比例上升为50%，80年代更是上升到60%~80%，这种势态还在持续上升[①]。通过以上数据不难发现，经济的快速发展主要源自科学技术进步，而不是传统意义上的生产资料高消耗和劳动力增加。经济社会发展与科技进步的关系变得极为紧密。科技成果有效转化成为现代经济发展的主要推动力。在如上经济和社会宏观背景下，许多国家都把强化科技创新作为国家战略，把科技投资作为战略性投资，并且都在努力探索科技、教育与经济的有机结合和良性循环，以便增强本国的技术创新和持续发展

---

① 赖馨正：《产学研技术创新战略联盟模式及运行研究》，中南大学硕士论文，2008年1月。

能力。当今经济发达国家科技与经济结合的成熟经验表明：开展企业、高校和科研院所间的有效合作，选择较优的产学研合作创新模式，是建立科技、经济密切结合的新体制，是发展经济和提高综合国力的有力保证。基于上述成熟经验，世界各国政府都把产学研合作作为启动科技、经济一体化进程的突破口，并施以重点政策加以扶持。当然，我国也不例外。

1992年4月，"产学研联合开发工程"在我国经贸委、教育部和中国科学院三部委的联合组织下得以实施。此项工程的主要目的在于建立产、学、研之间交流合作的长效机制，从而加快科研成果转化，加速高新技术产业化进程，最终探索出一条适合中国国情的经济与科技结合之路。1999年8月20日，《中共中央国务院关于加强技术创新、发展高科技、实现产业化的决定》正式颁布，该文件明确指出："要加强企业与高等学校、科研机构的联合协作；根据'优势互补、利益共享的原则，建立双边、多边技术协作机制，通过相互兼职、培训等形式'加强不同单位科技人员的交流；企业研究开发经费要有一定比例用于产学研合作；要强化技术引进与消化吸收的有效衔接，提高技术配套和自主开发能力。"[①] 这一文件的颁布，标志着产学研合作创新已被提高到国家战略高度，已成为国家创新体系的重要组成部分。经过有关部门多年的共同努力，我国产学研结合工作取得了长足进步。通过"产学研合作"，许多产业因为本产业技术难题的攻克，而不断实现技术进步和优

---

① 新华社，《中共中央国务院关于加强技术创新发展高科技实现产业化的决定》，北京，http：//www.people.com.cn/zc/1999/08/082501.html，访问日期：2010年11月20日。

化升级。在看到成绩的同时,我们也应清醒地认识到,"我国产学研结合工作"中还存在诸多问题有待解决,比如,"产学研合作中,各方大多以资源获取为目的,进而导致产学研各方合作不够深入,合作优势难以发挥";"产学研各方没有真正做到'利益共享、风险共担',进而导致合作创新动力不足";"产学研结合所涉及的各政府推动部门之间尚未形成合力,缺乏部门间的沟通协调和统筹安排,造成了技术创新要素分散、交叉、重复,难以集成并聚焦在产业持续创新链条上,对自主创新能力的提升不能产生重大影响"。出现以上问题的根本原因在于:①产学研合作创新目标定位于获取资源为主,而非技术创新;②产学研合作形式松散,行为短视,产学研合作大多停留在"技术交易"层面,并未发展到"战略联盟"的共生关系层面。鉴于此,国家相关部门审时度势,着手开展产业技术创新战略联盟的构建工作。

2008年12月,科技部、财政部和教育部等国家六部委联合下发了《关于推动产业技术创新战略联盟构建的指导意见》,并提出,通过建立产业技术创新战略联盟,企业可以充分利用大学、科研院所的科研、人才优势,解决自身的技术难题,缩短开发时间,降低研发成本,分散研发风险,推动技术创新,丰富人力资源的储备,从根本上提高自主创新能力,增强企业的核心竞争力。高校科研院所在企业需求的推动下,加强技术研究及成果转化,注重应用型、创新型人才的培养,进一步提高科研水平和教学质量,进一步改善学生的实习和就业环境,而且还能弥补科研和教学经费的不足,进而提高服务社会的能力。该指导意见也明确指出产业技术创新战略联盟的定义。产业技术创新战略联盟是指由企业、大学、科研机构或其他组织机构，以企业的发展需求和各方的共同利益为基础，以提升产业技术创新能力为目标，以具有法律约束力的契约为保障，形成的联合开发、优势互补、利益共享、风险共担的技术创新合作组织[①]。2009年7月，六部委又发布《国家技术创新工程总体实施方案》，通过实施国家技术创新工程，进一步推动和加快产业技术创新战略联盟的构建和发展，引导和支持创新要素向企业集聚，进一步确立企业技术创新的主体地位[②]。2010年1月，科技部正式公布首批36家产业技术创新战略联盟试点单位。从以上产业技术创新战略联盟发展过程不难发现，产业技术创新战略联盟是迄今产学研合作创新发展的最高阶段，其作为一种全新的产学研合作创新组织形式，优势明显，在我国必将得到越来越广泛的实践。据统计，自"钢铁可循环流程技术创新战略联盟"等四大产业技术创新战略联盟成立以来，数控机床高速精密化联盟、存储技术联盟、TD通信技术联盟等一批新的产业技术创新战略联盟相继成立，涵盖了汽车、钢铁、装备、石化、纺织、有色金属、电子信息、生物医药、新能源和现代农业等产业。

1.1.1.2 产业技术创新战略联盟风险管理理论研究相形见绌

本书将"产业技术创新战略联盟风险"内涵界定为：由

[①] 科技部等国家六部委：《关于推动产业技术创新战略联盟构建的指导意见》，http://www.most.gov.cn/tztg/200908/W020090811557426019075.pdf，访问日期：2010年11月25日。

[②] 科技部等国家六部委：《国家技术创新工程总体实施方案》，http://www.most.gov.cn/tztg/200908/W020090811557426329023.pdf，访问日期：2010年11月25日。

于产业技术创新战略联盟外部环境的不确定性、联盟运行过程的复杂性以及联盟成员能力的有限性和相互间关系的不和谐性,从而导致产业技术创新战略联盟运行结果与预期目标出现明显负面偏差的可能性及其后果,其具体表现为以下两种形式:第一,产业技术创新战略联盟运行低效,未达到联盟成立时所设定的技术创新目标;第二,产业技术创新战略联盟运行过程中出现不可逆转的严重问题,导致联盟非计划或非正常解体。

与产业技术创新战略联盟实践活动的方兴未艾相比,产业技术创新战略联盟风险管理及其相关领域的理论研究就相形见绌了。从总体上讲,产业技术创新战略联盟风险管理方面的相关研究成果并不丰富,且存在一些不足。

产业技术创新战略联盟的本质就是产、学、研三方为了进行合作创新而成立的技术联盟。由于产业技术创新战略联盟涉及两个或者两个以上主体的联合或合作,联盟内必然存在信息不对称、各主体间目标不一致、能力不匹配和文化冲突等现象,这些现象均会导致联盟的不稳定[1],加之联盟所处外部环境复杂,这都将引发风险。Das,Teng(2000)综合战略联盟意外解体的相关研究文献发现,企业联盟的失败率介于

---

[1] 钟书华:《我国企业技术联盟的组织行为》,《科技管理研究》2002年第2期,第24~26页;邓龙安:《企业技术联盟与主导设计技术的形成》,《科技进步与对策》2007年第8期,第89~92页;Dastk, Teng B S., "Control and Risk in Technology Strategic Alliances: An Integrated Framework," *Organization Studies*, 2001, 22 (2): 251-283; Chan S H, Kensinger J, Keownal Martin J D., "Strategic Alliances Creative Value," *Journal of Financial Economics*, 1997, 46 (2): 199-221; 曾德明、彭盾、张运生:《技术标准联盟价值创造解析》,《软科学》2006年第3期,第5~8页; Santoro, M. D., Gopalakrishnan, S., "Relationship Dynamics between University Research Centers and Industrial Firms: Their Impact on Technology Transfer Activities," *Journal of Technology Transfer*, 2001, 26: 163-171.

30%~50%。美国 McKensey 公司对自 20 世纪 80 年代以来 800 多家参与战略技术联盟的美国企业进行调查，发现其所参与的联盟维持到 4 年以上的只占 40%，而维持 10 年以上的仅有 14%。从总体上看，企业联盟存在着高失败率已成为不争的事实。因此，在国家大力倡导构建产业技术创新战略联盟的今天，倡导构建联盟的政府有关部门、联盟成员（企业、大学和科研机构）和学术界均应对联盟风险的客观存在有一个清醒的认识，并给予高度重视。

令人遗憾的是，与当下正如火如荼开展的产业技术创新战略联盟构建活动相比，联盟风险及其管理的相关理论研究工作远未得到应有的重视，国内外相关理论研究成果并不丰富，本书对其中较具代表性的研究成果做了简要归纳。在联盟风险识别和分类方面，Das T K，Bing-seng Teng（1998；2001；2003）认为技术联盟存在两种风险：关系风险和绩效风险，并做了一些深入研究。Gomes-Casseres[①]，Harrigan（1986）；Inkpen，Beamish（1997）；Hennart（1999）；Park，Ungson（1997）等从联盟不稳定性的影响因素角度研究了联盟风险识别问题。Narayanan（2002）研究合作风险时明确指出，联盟中的合作企业所面对的主要风险可以分为"知识产权风险""竞争风险""组织风险"三类。叶飞、孙东川（2004）基于生命周期理论，对联盟不同生命阶段的外生风险和内生风险进行了提炼和总结。桂黄宝（2007）针对国内外相关研究成果的不足，

---

① Gomes-Casseres, B., "Joint Venture Instability: Is It a Problem?" http://www.alliancestrategy.org/PDFs/BGC%20JVSurvival%20CJWB87.pdf，访问日期：2011 年 1 月 3 日。

通过运用定性、定量相结合的研究方法，把合作技术创新风险区分为内部风险和外部风险，并具体对合作系统风险、知识产权风险和相互竞争风险等进行了识别，最终提出了合作技术创新内部风险的控制措施。索玮岚等（2008）基于决策试验和评价实验室（DEMATEL）报告中的思想与方法，提出了一种能有效识别合作创新风险因素的新方法，并通过算例对该方法进行了验证。在联盟风险的评价方面，冯蔚东等（2001）对虚拟企业的工期风险进行了研究，提出一种风险传递算法，并给出了利用该算法实现风险评价、风险瓶颈单元识别、风险局部调整和整体优化的方法和模型。张春勋、刘伟（2007）针对合作创新风险项目具有模糊性这一特征，通过运用模糊群体决策理论，建立了合作创新风险评价模型，并同时给出相应的风险分析矩阵。杨丽娟（2007）深入分析了产学研联盟风险的各个影响因素，建立了产学研联盟风险的预警评价指标体系，并基于模糊综合评判法提出了产学研联盟风险评价模型，最后对模型进行了示例分析。张平等（2009）从技术创新和合作行为两个维度选取包括"高层领导的支持"在内的16个合作创新风险因素指标，并提出综合利用信度分析、因子分析、二项逻辑回归模型来测评合作创新风险。此外，国内外学者在进行联盟风险评价时，还常采用双因素评估法、三因素评估法、博弈评估法、层次分析法、模糊综合评价法、马尔科夫链法等（姜冠杰等，2005；闫琨、黎涓，2004；黄敏等，2004）。在联盟风险的防控方面，张宝贵（2007）以分析R&D联盟风险为切入点，借鉴第三方担保在主权国家间条约或联盟中的风险防范机理，研究第三方担保对于 R&D 联盟风险防范的作用机理。许学斌（2005）结合 Hall 三维结构模型，对动态联盟中存在的风险因素进行全面和标准化分析，并对减轻、预防、转移、回避、自留和后备六种标准策略进行分析。李东红（2002）在分析联盟研发性质和相关风险的基础上，从"加强员工技术保护意识"和"研发过程环节控制"等角度提出风险防控对策。尹学群（2010）通过对企业战略联盟在整个运作过程中的风险进行深入剖析，并结合战略联盟的生命周期和内外环境的特点，设计了战略联盟风险防范模型。华金秋、华金科（2006）首先介绍了研发联盟及其风险，然后从伙伴选择、收益分配、协调机制、约束机制和信任机制等角度思考风险防范对策，为 R&D 及其他联盟风险管理提供若干建设性意见。张延锋（2006）通过实证分析研究了信任、控制和合作风险三者之间的关系，认为感性信任下合作风险较低，而理性信任对控制合作风险的效果较差；权力控制没有很好地控制侵占风险，还可能引发投入风险，社会控制成为控制合作风险的主要手段；从整体上来讲，不同类型的信任有助于控制手段的实施。

纵观以上研究成果发现，国内外学者对联盟风险管理问题进行了深入的研究和探讨，取得了一些有益的研究成果，但从总体上看，现有研究成果还存在一些不足。本书将"现有研究成果存在的不足"归纳为五个方面。

（1）研究中，未能认识到联盟风险及其管理的复杂性，未把"联盟风险管理系统"视做一个开放的复杂巨系统，进而未将"综合集成方法"引入联盟风险管理的研究中来。综合集成方法是由钱学森、于景元和戴汝为等科学家在对社会系统、人体系统、地理系统三个开放的复杂巨系统研究的基础上提出的一种新方法，并认为这是现在可用的唯一能有效处理开放复杂巨系统问题的方法①。

（2）研究侧重于联盟风险管理的某一环节或某一方面，缺乏系统性，尤其是尚未形成对联盟风险管理实践活动具有较强指导意义的联盟风险管理理论和方法体系。

（3）在联盟风险识别的研究上，部分文献存在着立场不清、视角定位不明的现象，混淆了联盟作为一个组织的整体风险和联盟成员自身的个体风险。此外，缺乏从联盟全生命周期过程角度出发，基于风险发生阶段、风险影响过程和作用机理的风险分类研究。

（4）在联盟风险评估的研究上，风险评估指标体系的构建不完善，缺乏定量化的指标筛选、优化方法；缺乏定性与定量相结合的风险因素权重确定方法和风险评价方法；未考虑评价信息灰度对于评价结果的影响。

（5）在联盟风险防控的研究上，不同学者针对某一种或某一类风险（如知识产权风险）提出了风险防控的相应策略，其策略的制定普遍沿用传统风险管理理论中分而治之的思路和一对多的风险管理模式，这种风险管理模式只能达到局部最优，无法根据联盟的全局目标来形成最佳的风险控制资源配置。此外，联盟风险管理组织结构的设置也是值得深入探讨的问题。

---

① 钱学森、于景元、戴汝为：《一个科学新领域——开放的复杂巨系统及其方法论》，《自然杂志》1990年第5期，第3~10页。

1.1.2 目的和意义

1.1.2.1 本书的目的

本书的目的在于，在广泛借鉴现有相关理论和研究文献的基础上，结合现有相关研究成果中存在的不足，对产业技术创新战略联盟风险管理的相关问题，包括风险管理总体架构、风险识别机制、风险评价机制、风险防控机制等，进行系统研究，试图提出一个由"联盟风险识别模型""联盟风险评价模型""联盟风险防控模型"构成的产业技术创新战略联盟风险管理方法体系，以期为国内产业技术创新战略联盟风险管理实践提供理论支持。

1.1.2.2 本书的意义

本书的意义分为理论意义和现实意义两个方面。

本书的理论意义为：①对产业技术创新战略联盟风险管理的复杂性进行了探讨，得出"'产业技术创新战略联盟风险管理系统'是一个开放的复杂巨系统"这一结论。这一结论的得出，丰富了人们对于"产业技术创新战略联盟风险管理"的认识，让相关理论得到了进一步的丰富和完善。②在产业技术创新战略联盟风险管理的相关研究中引入"综合集成方法"，这在为后续研究提供新思路的同时，也拓展了"综合集成方法"的实践领域。③构建了产业技术创新战略联盟风险的识别模型、评价模型和防控模型，在一定程度上丰富和完善了产业技术创新战略联盟风险管理理论。

本书的现实意义为：通过产业技术创新战略联盟风险的识别模型、评价模型和防控模型的构建，为产业技术创新战略联盟风险管理实践提供了总体指导和一些具体的对策。

1.2 本书的研究目标与研究方法

1.2.1 研究目标

（1）在产业技术创新战略联盟风险管理总体架构的研究中，首先对产业技术创新战略联盟风险及其管理的内涵进行界定，并借鉴一般风险管理过程理论，构建"产业技术创新战略联盟风险管理过程框架"；其次，对产业技术创新战略联盟风险管理系统的"复杂性"进行分析，尝试构建"产业技术创新战略联盟风险管理的 HWME 模型"；最后，运用 Multi-Agent 技术，尝试构建"产业技术创新战略联盟风险管理系统的概念模型"。以上对于产业技术创新战略联盟风险管理总体架构的研究，为本书后续研究界定了研究对象及范围，并提供了研究思路。

（2）在产业技术创新战略联盟风险识别机制的研究中，通过引入"综合集成方法"，尝试构建"基于综合集成方法的产业技术创新战略联盟风险识别模型"，以期弥补过往研究中"定量分析较少"这一不足，达到定性分析和定量分析相结合综合集成的效果。

（3）在产业技术创新战略联盟风险评价机制的研究中，针对"联盟风险评价过程中兼具模糊性和灰色性"这一特征，在一般模糊综合评价模型的基础上，通过引入"点灰度"和"广义三角模算子"，尝试构建"产业技术创新战略联盟风险的灰色模糊综合评价模型"，从而有效克服评价"信息灰度"对于评价结果的干扰。

（4）在产业技术创新战略联盟风险防控机制的研究中，通过借鉴"企业生命周期理论"，对产业技术创新战略联盟生命周期和风险诱因进行分析，并在此基础上尝试构建"面向产业技术创新战略联盟全生命周期的风险防控模型"。

1.2.2 研究方法

科学研究是人类解决复杂问题的一个过程，在该过程中，选取适宜的研究方法是研究获得成功的关键所在[①]。在本书的研究过程中，根据具体研究工作的需要，将会用到多种研究方法。

（1）综合集成方法。

本书对于综合集成方法的应用是通过"定性综合集成""定性定量相结合综合集成""从定性到定量综合集成"三个步骤来实现的。结合产业技术创新战略联盟风险管理的"复杂性"特征，本书构建了"产业技术创新战略联盟风险管理的 HWME 模型"和"基于综合集成方法的产业技术创新战略联盟风险识别模型"。

（2）文献研究法。

文献综述是对相关方向研究现状的概述以及对研究的理论背景和价值的阐述[②]。研究中，首先应通过文献检索清楚认识相关研究的进展情况，并在此基础上界定待研究问题的重要性和创新性，最后提炼出一个值得研究的课题。

在本书的研究中，笔者通过文献综述方法厘清了产业技术

[①] 温平川、蔡韵：《政产学研资创新体系风险控制研究》，《中国管理信息化》2009年第4期，第93~95页。

[②] 张平、樊胜利、李秀芬：《合作创新风险的测评方法研究》，《科技管理研究》2009年第2期，第74~76页。

创新战略联盟风险管理及其相关领域的研究现状，并在此基础上明确了待研究问题的重要性和创新性，最后提炼出本书的研究主题，即在广泛借鉴前人研究成果的基础上，对产业技术创新战略联盟风险管理的识别、评价以及防控问题展开系统研究，进而构建一个由"风险识别模型""风险评价模型""风险防控模型"构成的产业技术创新战略联盟风险管理方法体系。

（3）调研访谈法。

所谓调研访谈法，是指通过对相关人员和机构进行直接访谈来收集第一手资料的方式，是对没有具体认识或已有一定认识的问题、现象进行了解和进一步掌握情况的方法，被广泛用于管理、经济、政治等学科。在本书的相应研究中，将会选取若干名产业技术创新战略联盟的高管和研究机构的知名专家进行调研访谈，从而为"实例分析"提供资料。

（4）案例应用研究法。

案例应用研究法是一种典型的理论联系实际法。一般意义上的理论联系实际法，内涵很广，既包括理论的研究，也可能包括实际的应用检验、总结和反馈。本书中"案例应用研究法"的运用具体体现为：将相应研究结果应用到国内某产业技术创新战略联盟的风险管理实践中，在解决风险管理问题的同时也验证了相应研究结果的合理性。

（5）数理统计与分析方法[①]。

本书研究中可能用到的数理统计与分析方法主要有"因

---

① 刘荣、汪克夷：《企业合作创新风险的多层次模糊综合评价模型及应用》，《科技与管理》2009年第4期，第132~135页。

子分析""粗糙集""灰色模糊综合评价"三种。

因子分析是多元统计分析方法的一个分支，它通过分析多个变量之间的内部依存关系，探索被观测数据中的基本结构，并用少数几个公共变量来表示基本的数据结构。因子分析方法主要应用于两个方面：第一，寻求基本结构。第二，数据简化，其主要目的在于浓缩数据。在本书中，"因子分析"主要用于联盟风险识别模型的相应研究中。

粗糙集[1]（Rough Set，也称 Rough 集、粗集）理论是 Pawlak 教授于 1982 年提出的一种能够定量分析处理不精确、不一致、不完整信息与知识的数学工具。粗糙集理论最初的原型来源于比较简单的信息模型，它的基本思想是通过关系数据库分类归纳形成概念和规则，通过等价关系的分类以及分类对于目标的近似实现知识发现[2]。由于思想新颖，方法独特，粗糙集理论已成为一种重要的智能信息处理技术。该理论已被运用在多个领域，如工业控制、医药卫生及生物科学、农业科学、环境科学与环境保护管理、社会科学、航空航天和军事等领域。

灰色模糊综合评价的本质就是在一般模糊综合评价的基础上，加入灰度概念。具体来讲，就是将传统的模糊隶属矩阵进化为灰色模糊隶属矩阵，将传统的权重向量进化为灰色权重向量，并运用"广义三角模算子"进行运算。在本书中，"粗糙集"和"灰色模糊综合评价"主要用于联盟风险评价模型的相应研究。

---

[1] 朱鹏飞、尚玉莲、张雪婷：《基于广义三角模的灰色模糊综合评判》，《山东理工大学学报》（自然科学版）2004 年第 18 卷第 3 期，第 72~75 页。

[2] 钟嘉鸣、李订：《粗糙集与层次分析法集成的综合评价模型》，《武汉大学学报》（工学版）2008 年第 4 期，第 126~130 页。

(6) 观察归纳法。

所谓观察归纳法，是指通过对有限事物和事物过程的观察，以一系列经验事物或知识素材为依据，从特殊到一般，来初步认识事物，寻找出事物的共性或特点，提出问题，即从纷乱复杂的现实世界、资料或事物中发现、总结出它们的具体特征的方法。它一般作为问题提出的方法，所得结论还需进一步论证。

(7) 逻辑推理法。

逻辑推理法是一种以定性为主的分析法。逻辑推理的方法是把不同排列顺序的意识进行相关性的推导，从许多条件中推导出结论，即从一般到一般，从一般到特殊，是由普遍性的前提推出另外的一般性的或特殊性的结论。

(8) 算法和计算机工具法。

所谓算法和计算机工具法，就是利用一些现成的算法、计算机软件、工具箱等，对问题进行求解和定量研究的方法。

1.3 本书的逻辑结构和主要内容

1.3.1 逻辑结构

本书在对国内外相关研究文献进行调研的基础上，针对产业技术创新战略联盟风险管理问题以及以往研究中存在的不足和空白点，通过综合运用"产学研合作创新""技术联盟""风险管理""系统科学与综合集成方法"等相关理论，试探性地分析了产业技术创新战略联盟风险管理的复杂性，并从联盟整体视角出发，对产业技术创新战略联盟风险管理中的风险识别、风险评价和风险防控等问题进行了较为系统的研究，提出了一个由"联盟风险识别模型""联盟风险评价模型""联盟风险防控模型"构成的产业技术创新战略联盟风险管理方法体系。本书的具体研究是按照"提出问题—分析问题—解决问题—结论"的逻辑思路逐级展开和推进的，如图1-1所示。

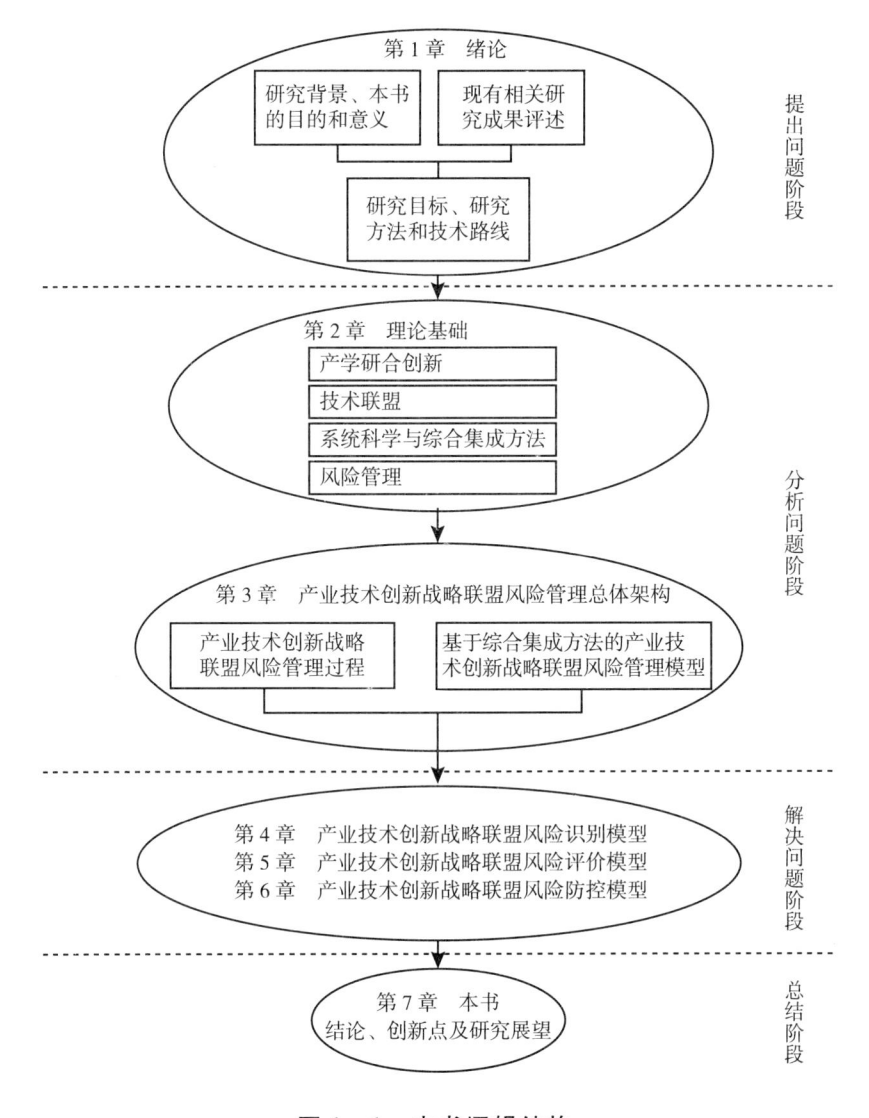

图1-1 本书逻辑结构

1.3.2 主要内容

本书共分为7章，主要内容如下：

第1章，绪论。在本章中，首先分析了本书的写作背景，并对现有相关研究成果进行简要评述，在此基础上进一步阐明了本书的写作目的和意义；其次，分析了本书的研究目标、研究方法和研究路线，这为后面章节的具体研究提供了宏观指导；最后，指出了本书的逻辑结构和主要内容。

第2章，相关理论与研究文献综述。在本章中，分别对"产学研合作创新""技术联盟""风险管理""系统科学和综合集成方法"这四个方面的相关理论和研究文献进行综述，为本书后续章节的具体研究提供了理论基础。

第3章，产业技术创新战略联盟风险管理总体架构。在本章中，首先，从"项目管理"视角对产业技术创新战略联盟风险及其管理的内涵进行了界定；其次，在借鉴"一般风险管理过程理论"的基础上，提出了"产业技术创新战略联盟风险管理过程框架"，该框架包括"风险识别""风险评价""风险防控"三大模块；最后，简要分析了产业技术创新战略联盟风险管理系统的复杂性，并进一步构建了"产业技术创新战略联盟风险管理的HWME模型"和"基于Multi-Agent的产业技术创新战略联盟风险管理系统的概念模型"。以上对于产业技术创新战略联盟风险管理总体架构的研究，为本书后续研究界定研究对象及范围，并提供了研究思路。

第4章，产业技术创新战略联盟风险识别模型。在本章中，首先探讨了"产业技术创新战略联盟风险识别"的含义和基本原则；其次，在分析产业技术创新战略联盟风险及其识别行为复杂性的基础上，构建了"基于综合集成方法的产业技术创新战略联盟风险识别模型"；最后，运用以上综合集成识别模型，结合调查数据，对国内某产业技术创新战略联盟风险进行实例分析，得到了该联盟的一个具体包括"产业政策变化"等24个变量的风险因素体系，同时也验证了该识别模型的合理性。

第5章，产业技术创新战略联盟风险评价模型。在本章中，首先分析了产业技术创新战略联盟风险评价的"模糊性"和"灰色性"特征，并据此选定模糊综合评价方法和灰色理论作为构建联盟风险评价模型的主要理论基础；其次，基于第4章的联盟风险识别结果，构建了产业技术创新战略联盟风险评价指标体系；再次，在一般模糊综合评价模型中，通过引入"点灰度"和"广义三角模算子"，并运用层次分析法和粗糙集进行组合赋权，构建了联盟风险的灰色模糊综合评价模型；最后，运用所构建的灰色模糊综合评价模型，对国内某产业技术创新战略联盟的风险状况进行了实例分析，验证了该评价模型的合理性。

第6章，产业技术创新战略联盟风险防控模型。在本章中，首先对产业技术创新战略联盟生命周期进行了分析，并构建了"产业技术创新战略联盟全生命周期过程的概念模型"；其次，对产业技术创新战略联盟全生命周期各阶段可能出现的风险诱因进行了分析，并归纳为"联盟外部环境的不确定性"等六个方面；再次，在借鉴裴斐和尹学群等研究成果的基础上，结合前面对于"产业技术创新战略联盟生命周期"以及

"联盟风险诱因"的相关分析，构建了一个面向产业技术创新战略联盟全生命周期的风险防控模型；最后，分别对联盟风险防控模型的六大组成部分的具体内容进行了相应研究，尤其是对于该模型核心要素——"联盟风险防控内部措施"的深入研究。

第7章，本书结论、创新点与研究展望。本章首先对本书所做的主要研究工作和所得到的研究结论进行了总结；其次，提炼了本书的创新点；最后，结合本书研究中存在的不足，进行了研究展望，指出了进一步研究的方向。

第 2 章 相关理论与研究文献综述

科技部、财政部和教育部等国家六部委于 2008 年 12 月联合下发《关于推动产业技术创新战略联盟构建的指导意见》。该指导意见明确给出了产业技术创新战略联盟的定义。根据定义不难看出，产业技术创新战略联盟既不等同于一般的产学研合作创新，也不等同于传统的技术联盟，它应是"产学研合作创新"和"技术联盟"的一个交集。产业技术创新战略联盟从本质上讲，是一种以"产业共性技术创新"为目标，以"企业、大学和科研机构"为成员，以"产学研合作"为创新途径的契约型技术联盟。正因为产业技术创新战略联盟的上述性质，本书对于"产业技术创新战略联盟风险"的相应研究将会涉及"产学研合作创新""技术联盟""风险管理""系统科学和综合集成方法"等相关领域。鉴于此，本书将着重从以上四个领域展开理论和研究文献综述，为本书后续研究工作的展开提供理论基础和借鉴。

2.1 产学研合作创新理论与研究文献综述

"产业技术创新战略联盟"与"传统的产学研合作创新"

既有区别，也有联系。"产业技术创新战略联盟"与"传统的产学研合作创新"的根本区别在于"目标"和"合作模式"的差异。"传统的产学研合作创新"一般是以"企业技术创新"为目标，通常采用"技术转让""委托研究""联合攻关"等较为松散的合作模式。产业技术创新战略联盟是以"产业共性技术创新"为目标，合作模式已由过去的"技术转让"和"委托研究"等较为松散的合作模式演进为"战略联盟"这一较为稳固的合作模式。"产业技术创新战略联盟"与"传统的产学研合作创新"的联系可以概括为：产业技术创新战略联盟是一种全新的产学研合作创新组织形式，是我国产学研合作创新发展的最高阶段；传统的产学研合作创新是产业技术创新战略联盟的根源所在。正是二者之间的这种联系，决定了本书的研究必须以产学研合作创新相关理论为基础。因此，本章首先对产学研合作创新理论和相关研究文献进行综述。

近20年来，产学研合作创新理论研究已被理论界所广泛关注，学者们从不同的角度对产学研合作创新问题进行了较为全面和深入的研究。现有研究成果主要集中在"产学研合作创新模式""产学研合作创新动因""产学研合作创新风险"三个方面。

2.1.1 产学研合作创新模式

在产学研合作创新模式的研究上，国外学者侧重于研究某一种具体的合作创新模式，如：

Bronwyn H. Hall 等（2000）提出了一系列的包括"正式

合同关系""合作办学""咨询合作"在内的合作研究模式。

Joanna Poyago-Theotoky 等（2002）认为产学结合、共担风险的契约合作研究模式将会成为合作模式的主流，因为这种非正式的产学研联盟是技术溢出的关键。

国内学者的研究相对国外学者显得更为宏观，侧重于产学研合作模式的分类方面，如：

姜照华（1996）对产学研合作模式的分类问题进行了研究，研究将产学研合作模式分为"一体化""高科技园""项目组""战略联盟"等10种具体类型。

李廉水（1998）认为政府推动、自愿组合、合同连接和共建实体是我国产学研合作创新的组织方式的四种具体类型。政府推动型有利于基础研究、应用研究和开发创新的融合，并保持国家引导合作创新的连续性；自愿组合型有利于快速适应市场需求，迅速研发适销对路产品；合同连接型具有灵活高效和责利分明的优势，利于短平快产品研发；共建实体型有利于长期合作，不断将技术优势扩展为规模经济优势，从而获得技术成果及高收益回报。

苏敬勤（1999）基于产权经济学中的交易成本理论，将产学研活动的交易成本分为"沟通成本""谈判成本""履约成本""其他成本"四类，并分别进行探讨。根据交易成本的概念，提出避免现存组织模式交叉重叠的分类方法，即分为内部化模式、外部化模式、半内部化模式三种模式，认为内部化模式和外部化模式分别在不同条件下具有交易成本小的优势，而半内部化模式是一种特殊模式。

张米尔、武春友（2001）借鉴苏敬勤（1999）的观点，对产学研合作模式进行了归类，具体有技术入股、提成支付、紧密合作、技术接力、自主产业化五种类型。

王文岩等（2008）从合作方式、合作形态和政府作用三个维度对产学研合作模式进行了分类：从合作方式维度出发，将产学研合作模式分为"技术转让""委托研究""共建科研基地"等8种类型；从合作形态维度出发，将产学研合作模式分为"点对点""点对链""网路"三种类型；从政府作用维度出发，将产学研合作模式分为"市场自发""政府引导""政府主导"三种类型。

2.1.2 产学研合作创新动机

产学研合作创新研究领域的热点之一就是产学研合作创新动机。综合陈翔峰（2003）、辛爱芳（2004）和 Berman（1990）等研究成果发现，市场需求、市场竞争压力、政策鼓励和科技进步是产、学、研进行合作创新的几个主要动因。此外，也有不少学者从不同理论视角对产学研合作创新组织的形成动因进行了论述。

第一，资源依赖理论视角[①]。资源依赖理论认为，产学研联盟成立的原因除了分担风险之外，还有重要的一点就是，联盟内各方可以通过联盟获得互补的资源和技术能力。许多学者的研究表明，企业和大学、研究机构之间资源和技术能力具有

---

① 黄玉杰、刘自敏：《战略联盟运作管理的理论基础探析——交易成本理论、资源依赖理论以及关系契约理论的结合》，《生产力研究》2005年第6期，第197～199页；Santoro, M. D., Gopalakrishnan S., "Relationship Dynamics between University Research Centers and Industrial Firms: Their Impact on Technology Transfer Activities," *Journal of Technology Transfer*, 2001, 26: 163–171.

互补性，而这正是产学研合作的关键动力所在[1]。

第二，交易成本经济学视角[2]。交易成本经济学认为可以通过联盟的方式，降低合作方之间的交易成本，从而提高合作绩效。产学研合作创新联盟是一种以创新为最终目的的经济行为，其本质就是降低交易成本。

第三，组织学习理论视角[3]。组织学习理论认为，通过产学研合作能够让合作主体以较低的学习成本从合作伙伴那里汲取尽可能多的知识，是产学研合作行为产生的根本原因。产学研合作创新，在为产学研各方提供更多相互学习机会的同时，还能帮助产学研各方以较低的学习成本实现优势资源的共享[4]。因此，"组织学习"也是产学研合作创新的一个主要动因。

第四，系统理论视角[5]。根据系统理论观点，产、学、研合作主体及其所处的外部环境（比如政府、中介机构等）构成了一个开放的复杂巨系统。外部环境压力促使产学研各方开展产学研合作创新活动。

---

[1] Santoro, M. D., Gopalakrishnan, S., "The Institutionalization of Knowledge Transfer Activities within Industry-University Collaborative Ventures," *Journal of Engineering and Technology Management*, 2001, 17 (3): 299 – 319.

[2] Tapon, F., "A Transaction Cost Analysis of Innovations in the Organization of Pharmaceutical R&D," *Journal of Economical Behavior and Organization*, 1989, 12: 68 – 86; Brockhoff K., "R&D Cooperation between Firms: A perceived Transaction Cost Perspective," *Management Science*, 1992, 38 (4): 514 – 552.

[3] Hazlett J. A., Carayannis, E. G., "Business-University Virtual Teaming for Strategic Planning," *Technological Forecasting and Social Change*, 1998, 57 (3): 261 – 265.

[4] 雷永：《产学研联盟的利益分配机制研究》，上海交通大学硕士论文，2008。

[5] Santoro, M. D., Gopalakrishnan, S., "Relationship Dynamics between University Research Centers and Industrial Firms: Their Impact on Technology Transfer Activities," *Journal of Technology Transfer*, 2001, 26: 163 – 171；李雪松、郭晓立：《复杂系统视角下产学研合作系统及其运行机制研究》，《科技与管理》2010年第12卷第3期，第55～59页。

第五，战略行为理论视角[①]。产学研合作创新是一种"双赢"（Win-Win）的合作行为，将给合作者们带来巨大的潜在利益[②]。在产学研创作创新中，产方可以通过合作创新来增强研发能力，从而提高核心竞争力；学、研方可以通过合作创新来提升自身的社会地位、学术地位，为学生提供更多的实践机会。因此，战略行为理论认为，通过合作创新能增强自身竞争能力是产学研各方开展合作创新行为的根本动机所在。

第六，跨组织关系理论以及知识管理理论视角。跨组织关系理论以及知识管理理论认为，产学研各方开展合作创新活动的根本动机在于通过实施合作创新这样一种跨组织行为实现知识的共享及转移。

2.1.3 产学研合作创新风险

2.1.3.1 国外学者研究文献综述

K. R. Harrigan（1988）和 Marxt, C. （1998）等先后通过对英国、瑞典等一些国家的技术合作创新进行调查后发现，技术合作创新现状并不尽如人意，大多技术合作创新活动面临着

[①] Ervin, D., Lomax T., Buccola S. Kim K., Minor E., et al., "University-Industry Relationship: Framing the Issue for Academic Research in Agriculture Biotechnology," http://www.pewagbiotech.org/research/UIR.pdf; Santoro M. D., Chakrabarti A., Why Collaborate? Exploring Industry's Strategic Objectives for Establishing Industry-University Technology Relationship, Conference Proceedings PICMET, Portland, 1999, Vol. 2, pp. 55 – 61; Sherwood A. L., Butts S. B., "Partnering for knowledge: A learning framework for university-industry collaboration," http://www.ipadvocate.org/studies/emory/pdfs/3.1c_partner%20knowledge.pdf; Poter M., *Competitive Advantage: Creating and Sustaining Superior Performance* (New York: Free Press, 1985) pp. 153 – 172.

[②] Lee, Y. S., "The Sustainability of University-Industry Research Collaboration: A Empirical Assessment," *The Journal of Technology Transfer*, 2000, 25 (2): 111 – 133.

巨大的风险。

Das T. K., Bing-seng Teng (2000) 将合作创新风险分为绩效风险和关系风险两个类型。关系风险是指因合作伙伴之间产生分歧而导致合作行为非计划结束，主要源自合作伙伴间理性和非理性不合作；绩效风险是指合作各方在精诚合作的前提下仍然存在的合作结果不确定性，主要源自合作外部环境。

Dierdonck, Debackere (1988) 认为合作创新风险可分为文化风险、制度风险和运作风险。

Narayanan, V. K. (2002) 认为，合作创新行为的出现应以"企业通过合作创新比自主创新能获得更多的利益"为前提。同时，合作创新行为会给参与合作创新的企业引来三大风险：知识产权风险、竞争风险、组织风险。

D. Littler (1995) 等对 106 家英国信息技术与通信企业的合作创新活动进行调研，发现对合作创新活动成败影响较为明显的因素有合约承诺、合作伙伴间的协商与交流、收益分配、相互关系、合作支持、信任、责任明确程度等。

Chesbrough (2003) 研究发现，尽管大学现在所拥有的研究成果无论质量还是数量都今非昔比，但是在实现研究成果市场化的过程中仍然存在很多的困难和障碍。

另外，还有许多外国学者尝试从"资源依赖理论"等不同理论视角来解释合作创新风险。

（1）资源依赖理论视角[1]。资源依赖理论认为企业所拥有

---

[1] Santoro, M. D., Chakrabarti, A., "Building Industry-University Research Centers: Some Strategic Consideration," *International Journal of Management Reviews*, 1999, 1 (3): 225 – 244.

的人力、物资和组织等资源,是决定企业技术创新活动成败的关键。然而,企业内部拥有的资源往往是有限的,因此,企业非常有必要通过合作的方式从外部获得相关资源。根据以上观点,资源依赖理论学派的学者认为"联盟自身资源的短缺"和"联盟成员间资源的不互补"是联盟风险的主要来源。

(2) 委托代理理论视角[1]。一些学者认为,产学研合作创新是一种典型的委托—代理关系。在该委托—代理关系中,产方扮演着"委托人"的角色,而学研方扮演着"代理人"的角色。在信息不对称的情况下,与这种委托—代理关系相伴而生的就是道德风险。

(3) 技术创新理论视角。产学研合作创新虽然通过合作让联盟成员间资源得到了有效整合,但这种合作创新从本质上讲仍然是一种技术创新活动,并不会因为合作就能规避那些与技术创新活动相伴而生的风险,如技术风险、市场风险、经济波动风险等[2]。

(4) 战略管理理论视角。按照战略管理理论观点,战略联盟的稳定性可能会受到"战略目标变化""联盟成员文化冲突""联盟内不信任"等因素的影响,并有可能进一步导致联盟风险。产学研联盟作为战略联盟的一种形式,同样面临这些因素而引发的风险。

---

[1] Joanna Poyago-Theotoky, John Beath, Donald S. Siegel, "Universities and Fundamental Research: Reflections on the Growth of University-Industry Partnerships," *Oxford Review of Economic Policy*, 2002, 18 (1): 10 - 21;张米尔、武春友:《技术入股型产学研合作创新的道德风险分析》,《研究与发展管理》2001 年第 13 卷第 2 期,第 29 ~ 32 页。
[2] 连燕华、马晓光:《我国产学研合作发展态势研究》,《中国软科学》2001 年第 1 期,第 54 ~ 59 页。

(5) 组织学习理论视角[1]。产学研进行合作创新在实现"技术转移"的同时，还能达到"促进组织间的学习"的目的。产学研各方在进行"技术转移"和"促进组织间的学习"时，常会因为文化背景以及工作性质的差异，而遇到障碍和困难。如果不能有效克服这些障碍和困难，合作创新活动就会低效甚至非计划终止，即发生风险。

2.1.3.2 国内学者研究文献综述

随着产学研合作创新活动在我国不断深入地开展，产学研合作创新风险得到了政府有关部门、学界和企业界越来越多的关注。自20世纪90年代以来，我国学者从产学研合作创新风险现状、成因、识别、评价、防控等多个角度展开了深入研究，取得了较为丰富的研究成果。

谢科范（1999）探讨了联合创新的动因，对产学研联合创新、风险投资中的收益配置与风险配置问题进行了研究，指出产学研合作创新风险分摊应该遵从对称性原则、前置原则和兑现原则。

桂黄宝（2007）将合作技术创新风险分为内部风险和外部风险两类，并针对国内外相关研究成果的不足，通过运用定性、定量相结合的研究方法，重点研究了合作组织内部存在的合作风险、知识风险和竞争风险，并提出了合作技术创新内部风险的防控措施[2]。

---

[1] Elmuti, D., Abebe, M., Nicolosi, M., "An Overview of Strategic Alliances between Universities and Corporations," *Journal of Workplace Learning*, 2005, 17: 115-129.

[2] 桂黄宝:《合作技术创新内部风险的识别及控制研究》，《科技管理研究》2007年第11期，第16~22页。

索玮岚（2008）首先构建了合作研发风险因素体系，并考虑到专家针对风险因素之间的直接影响程度给出的语言区间判断信息，提出了一种考虑风险因素相互影响的合作研发风险因素识别方法。该方法是基于决策试验和评价实验室（DEMATEL）报告中的思想与方法，利用近年来发展的二元语义信息处理方法，对语言区间判断信息进行处理和集结，进而对合作研发风险因素进行排序与归类。最后，通过一个算例说明了该方法的应用。

冯蔚东等（2001）首先探讨如何利用动态合同和增加信任以规避风险；其次提出了一种风险传递算法，并以工期风险为例，给出了利用该算法实现风险评价、风险瓶颈识别、风险调整与优化的方法和模型；最后，提出了一个基于 Web 的风险核对表设计和发布框架，以实现虚拟企业中的风险控制。

张春勋、刘伟（2007）基于对合作创新风险因素的识别，首先将合作创新的风险划分为知识产权风险、合作关系风险和运作流程风险三大类。其次，对合作创新项目风险的模糊性进行了分析，并结合模糊性这一特点，提出了一个基于模糊群体决策理论的风险评价模型。

杨利娟（2007）首先构建了合作创新风险指标体系，该风险指标体系包括"技术风险"等 5 个一级指标，"利益分配形式"等 19 个二级指标。其次，提出了一个基于模糊综合评价方法的合作创新风险评价模型，根据该模型的评价结果，可进行风险预警。最后，通过制定不同预警状态和实施不同的管理措施，实现对产学研风险全面系统的防控。

张平等（2009）从技术创新和合作行为两个维度构建了一个包括"高层领导的支持"等16个指标的合作创新风险因素指标体系，并综合运用"信度分析""因子分析""二项逻辑回归模型"对合作创新风险进行评价。

张宝贵（2007）对"第三方担保用于R&D联盟风险防范的作用机理"进行了深入研究，创新性地提出了运用第三方担保机制防范风险的几个主要步骤，即合作前选择第三方担保机构；合作中对知识外溢风险的防范；合作后对知识外溢风险的防范。

张延锋（2006）通过实证分析，研究了信任、控制和合作风险三者之间的关系，认为：①理性信任对控制合作风险的效果不好；②控制合作风险的主要手段是社会控制，而非权力控制，因为权力控制不能很好地控制侵占风险，还可能引发投入风险。从总体上讲，无论感性信任还是理性信任都有助于控制手段的实施。此外，文章提出了管理实践的若干建议。

徐恩波（2001）认为，产学研结合不仅是一个经济问题，也是一个哲学问题，并从经济哲学角度，论证了产学研结合的理论基础，深入剖析了产学研结合的3种具体方式及相应方式的风险性。临时性结合方式相对于其他结合方式，具有风险小、矛盾少和灵活简便等特征，通常在产学研结合初期阶段运用。而契约型结合方式通常在联盟运行阶段运用，因为该结合方式可使产学研结合更加紧密和巩固，从而提高创新效率，但由于合约内容不完善或合约操作不规范，组织管理不严密，该结合方式也面临诸多风险。一体化整合方式是产学研结合的高层实现形式，该结合方式有利于实现资源共享，优势互补，发挥综合优势，但结合层次愈高，决策者对整合条件、能力和市场考虑不周全，对达到目的的方式、方法研究不到位，该结合方式也会面临较多风险。

张米尔、武春友（2001）认为，产学研合作创新中存在的信息不对称是道德风险产生的根本原因，提出"技术入股"这种产学研合作创新模式，并提议通过"法律和政策环境改善""合作伙伴正确选择""出资方式和股权结构多样化"等途径达到防控道德风险的目的。

王笑君、朱强（2001）认为，创新风险在产学研各方的不合理分配是阻碍产学研联合技术创新发展的重要因素，并从风险认知、管理能力、管理制度和支持环境等方面分析了创新风险不合理分配的主要原因，最后提出了相应问题的解决办法。

翟运开（2007）构建了基于知识转移的合作创新中风险传导的概念模型和数理分析模型，并针对合作创新中的风险传导现象，提出采用预防控制和过程控制来加强风险传导管理，提高合作创新绩效。

李纲等（2007）认为，合作创新成功的关键在于知识在合作伙伴间的迅速和有效转移，然而知识转移中存在着知识泄露风险、知识被模仿和破损风险、知识被滥用和盗用风险、知识转移时滞风险以及契约不完备风险等风险类型，并从内、外部两个角度提出了风险防控对策。

叶小青、徐渝（2003）认为，企业的一条重要技术创新途径就是向高校或科研院所购买技术成果。基于博弈论模型，研究了校企间技术交易活动中的信息不对称问题，重点分析了交易中的逆向选择行为，并对相应原因进行了阐述。

黄瑞华、苏世彬（2008）深入分析了"由隐性知识转移而引发的商业秘密风险"的关键影响因素，并运用证据理论对主要影响因素进行提取，为商业秘密风险的量化和管理提供了依据。

辛爱芳（2005）指出了四种风险，即合作各方组织性质的差异风险、信息不对称风险、技术创新风险以及合作组织间的差异而引发的负面协同效应风险。

苏世彬、黄瑞华（2007）在合作创新隐性知识转移风险的研究中引入了风险矩阵，同时还基于蒙特卡罗模拟技术对各类合作创新隐性知识转移风险的发生概率和后果严重程度进行模拟，得出了各类风险的风险等级，为后续重点风险的防范提供了依据。

余平、黄瑞华（2005）首先对以技术合作创新为目标的虚拟企业的特征进行了分析，其次对虚拟企业内的"业务分包""知识产权归属与风险"等问题进行了研究，最后提出了相关风险的解决办法，具体包括完善契约、完善利益分配机制和构建风险防范法律平台等。

汪忠、黄瑞华（2005）从合作创新的组织和知识特性以及国内知识产权保护环境等方面，分析了合作创新中知识产权风险发生的原因，并提出了相应的防范措施。

刘学、庄乾志（1998）在系统分析企业合作创新的特征与风险来源的基础上，提出了合作创新过程中风险和利益的分配机制。

温平川、蔡韵（2009）剖析了政产学研资创新体系中的风险因素，形成了政产学研资创新体系的风险结构，并提出了政产学研资创新体系风险控制的措施，包括"管理风险控制"等7个方面。

何瑞卿、黄瑞华、李妍（2007）对合作创新过程中的知识溢出机理进行了分析，并从"知识特性"等视角探讨了知识产权风险的主要影响因素。

何瑞卿、黄瑞华、徐志强（2006）基于相关领域的已有研究成果，首先界定了知识产权风险的概念，其次从"风险诱发原因""风险对主体影响""风险客体类型"三个维度对知识产权风险类型进行了划分，最后深入分析了合作过程不同阶段的风险种类及其表现形式。

黄立冬（2007）基于生命周期理论，对新药合作研发过程的组建、运行和解体三个不同阶段的风险影响因素及其识别方法进行了分析，并在此基础上，探讨了合作研发风险的防控措施。

罗吉文（2009）在对产学研合作创新风险进行识别的基础上，对合作创新风险类型进行了划分，具体包括"市场风险""技术风险""道德风险"等10类，并从全程风险管理角度突出了各类风险的防治对策。

张建新、孙树栋（2010）认为在产学研合作过程中，由于高校、企业等机构的社会责任和职责的差别，它们所拥有的信息不同，对合作方式理解角度不一致，管理机制不完善，会给产学研合作带来风险；并就风险对合作产生的可能影响进行了分析；最后提出了降低相应风险的对策。

2.2 技术联盟理论与研究文献综述

技术联盟通常是指两个或者两个以上的企业，通过股权或非股权的方式进行合作创新的一种组织形式。传统的技术联盟是一种企—企联盟，联盟成员只有企业。而本书所研究的产业技术创新战略联盟的成员通常为某一产业内相关的企业以及与该产业紧密相关的大学和科研院所。各联盟成员的组织目标和组织性质存在明显的差异甚至相互冲突，这一点导致产业技术创新战略联盟相对于传统的企—企技术联盟更为复杂。尽管如此，产业技术创新战略联盟从本质上讲还是一种以"产学研合作"为创新途径的契约型技术联盟，所以，技术联盟的相关理论和研究文献将会对本书的相应研究起到很好的借鉴作用。鉴于此，本章接下来将对技术联盟理论和研究文献进行简要综述，以便为本书的相应研究提供理论基础和借鉴。

2.2.1 技术联盟的内涵和类型

2.2.1.1 技术联盟的内涵

因为技术联盟是战略联盟的一种具体类型，所以国内外学者大多是基于战略联盟内涵对产业技术创新战略联盟的内涵进行了界定，如 Hagedoom 等（2000）；Vilkam，Keil（2003）；钟书华（1998）；王飞绒（2008）；等等。Hagedoom 等（2000）认为技术联盟是相关合作主体基于创新目标而结合形成的一种创新组织，从本质上讲是一种 R&D 过程中所建立的组织间合作关系。Vilkam 和 Keil（2003）认为技术联盟是诸如企业这样的组织为整合创新资源,进而实现创新目标所形成的一种合作形式或关系。钟书华(1998)认为技术联盟是指多个企业间通过契约和非契约的方式所形成的较为稳固的合作关系。王飞绒(2008)在总结和借鉴前人研究成果的基础上,对技术联盟的内涵进行了界定,认为技术联盟是指为实现特定的技术创新目标,在多个企业间所形成的技术创新合作关系。综合分析以上各种技术联盟定义,不难发现,传统的技术联盟内的合作主体通常为企业。但随着技术联盟的不断发展,学者们对于技术联盟内涵的理解也发生了一些变化。Caldeira(2003)认为技术联盟应指为实现某一产业的技术创新目标,相关的企业、科研院所和中介机构通过适当的组织形式和运作机制而联合起来的具有战略意义的产业组织形式。张坚(2007)的研究指出,技术联盟内的合作主体除企业外,还可包括高校、科研院所、中介组织、政府等组织或机构。很显然,学者们关注的重心正逐渐由传统的企—企技术联盟向产业技术创新战略联盟转变。Caldeira 和张坚对技术联盟内涵的理解,也在一定程度上印证了传统技术联盟和本书研究对象——技术产业联盟的共通性。

2.2.1.2 技术联盟的分类

技术联盟分类的关键在于分类标准。在国外的相关研究中,大多数研究以技术联盟的治理结构作为分类的标准,并据此标准将产业技术创新战略联盟分为股权式和非股权式,如 Rothaemel(2001)、Hagedoom(1993)、Ranjay Gulati(1995)等。此外,其他的技术联盟分类方法也有很多。王飞绒对相关研究进行了归纳和总结,具体如表 2-1 所示。

表 2-1　国内外学者对技术联盟的不同分类

学者	时间	分类
Pfeffer & Nowak	1996 年	协议、授权、加盟、资本合作
Killing	1988 年	传统型合资、非股权联盟、少数股权联盟
Contractor 和 Lorange	1988 年	合资、共同研发、授权、共同行销
Borys 和 Jemison	1989 年	购并、合资、授权合约、供应协定
Badaracco	1991 年	产品联盟和知识联盟
Peng S,Dorothy Hride	1993 年	与产品用户组成的技术联盟、与零部件的供应商组成的技术联盟;与以往竞争对手企业组成的技术联盟;与本企业技术关联密切的企业组成的技术联盟;与政府有关部门、学校等非企业组织组成的技术联盟
Gulati	1995 年	资本型、非资本型
Yoshino 和 Rangan	1995 年	非辅助型合资、股权投资、非传统性契约
Barney	1997 年	合资、股权联盟、非股权联盟
钟书华	1998 年	前向联盟、后向联盟、同位联盟
Das 和 Teng	2000 年	单边协议联盟、双边协议联盟、少数股权联盟、合资企业
Lin 和 Chen	2002 年	资本型与契约型,资本型包括合资与少数股权的投资,契约型则包括授权、行销配销协定、制造协定、R&D 协定、技术协定等
李红玲、钟书华	2002 年	公司型、项目型、购买型、技术组合型、生产型、服务型、协调型联盟等
首藤信彦	2003 年	交叉型联盟、竞争战略型联盟、短期型联盟、环境适应变化型联盟、开拓新领域型联盟

资料来源:王飞绒(2008)。

2.2.2　技术联盟风险

由于联盟成员在联盟运行过程中,一方面追求自身利益最大化,同时又要防范联盟其他成员对利益的过度追求,所以联盟所面临的风险通常要比单个企业所面临的风险大得多（Das T. K.，Bing-teng，2007）。技术联盟风险的相关研究是技术联盟理论研究的一个重要分支，得到了国内外相关领域学者的重视。Ranjay Gulati（1995）、Osbern 等（1990）、Teece（1992）等学者认为，技术联盟风险的防范和控制应被视做技术联盟管理的关键问题。许多学者对技术联盟风险问题进行了研究，并取得了一些研究成果。这些研究成果对于本书的相应研究有一定的借鉴意义。

国内外学者对于技术联盟风险的研究主要集中在"联盟风险内涵界定""风险分类""风险防控方法"等问题的研究上。

Miller（1996）认为技术联盟风险应被定义为技术联盟的意外变化。

Ring，Van de Ven（1994）指出，在技术联盟的形成以及运行过程中存在两类风险：一类关于未来状态，一类关于合作关系；前者称为绩效风险，后者称为合作风险。这一观点被后来的一些学者所借鉴。

Das T. K.，Bing-sheng Teng（1998）认为，技术联盟中的风险可以归纳为"关系风险"和"绩效风险"两类。关系风险源自合作伙伴间不佳的合作关系或合作伙伴不遵守合作精神的行为，如伙伴的机会主义行为。绩效风险主要源自伙伴合作关系意外的因素，如技术、市场、宏观环境等。在此基础上，他们还给出了若干降低两类联盟风险的措施，如加强伙伴间信任、完善契约和管理制度、建立科学的利益分配和风险分担机制等。

Das T. K.，Bing-sheng Teng（1999）认为，决定联盟成功的一个重要因素就是联盟成员的正确选择，因此，在联盟组建时应特别重视联盟成员的选择，应选择那些资源能互补、战略相匹配的合作伙伴。

Bruhn（1995）认为，引起产学研联盟内部的冲突和不协调，最终造成联盟的终止和不稳定的主要原因为：联盟各方因缺乏沟通而引致的"权责不明晰"和"期望不明确"。

Geisler（1995）研究发现，"良好意愿、相互信任、心理契约、交往密切、合作关系制度化、合作者之间交互程度和交互范围"等因素，将会影响联盟的稳定性。

Azaroff（1982）认为，在产学研联盟中由于大学接受企业研究经费的资助，这可能会导致知识产权纠纷，限制大学学术的自由性。

Cyert 等（1997）基于组织学习理论，认为可以通过将产学研联盟管理的重心从"创建、维持联盟"转移到"创建学习环境"来提高联盟风险规避效果。

叶飞、孙东川（2004）从联盟生命周期的角度，分析了虚拟企业组建和运作中可能发生的风险，包括外生风险和内生风险两类，如政治风险、法律风险、技术风险和道德风险等，并在此基础上进一步提出虚拟企业组建与运作风险管理方法。

许学斌（2005）结合 Hall 三维结构模型，对动态联盟中存在的风险因素进行了全面和标准化分析，并对减轻、预防、转移、回避、自留和后备六种标准策略进行了分析。

李东红（2002）对联盟研发性质和相关风险进行研究发现，合作创新联盟存在"核心技术流失""壮大竞争对手"

"人才流失"等5类风险,并针对这5类风险,从"加强员工技术保护意识"和"研发过程环节控制"等角度提出风险防控对策。

尹学群(2010)通过对企业战略联盟在整个运作过程中的风险进行深入剖析,并结合战略联盟的生命周期和内外环境的特点,设计了战略联盟风险防范模型。

华金秋、华金科(2006)首先介绍了研发联盟及其风险,然后从伙伴选择、收益分配、协调机制、约束机制和信任机制等角度思考风险防范对策,为R&D及其他联盟风险管理提供若干建议。

雷永、徐飞(2007)对产学研联盟风险的内涵进行了界定,认为风险具体就是指产学研联盟的不稳定性,具体表现为联盟发生巨大变化甚至解体,同时,他们也对产学研联盟形成动机、合作类型、联盟风险以及知识转移和技术转移等方面的相关研究进行了评述。

刑乐斌等(2010)运用博弈论基本理论,将联盟利益分配视为一个多人协商问题。根据Nash谈判定理得到多人利益分配模型。通过引入风险调节系数,建立风险补偿值表达式,对分配模型进行修正,得到基于风险补偿的联盟利益分配机制,该机制的特点是对那些承担风险高于平均水平的联盟成员进行利益补偿。通过实例证明:该模型较其他大多模型更能体现风险与收益的对称原则。

郭军灵(2008)认为,合理选择合作伙伴是技术联盟风险管理的一项重要工作,并提出了一些评价和选择合作伙伴的标准,以达到降低联盟冲突发生的可能性。

吴勤堂（2003）认为，技术联盟风险防控的关键在于对"决策风险""要素差异风险""运作风险""信息不对称风险"四类具体风险的防范，并同时给出防范以上风险的具体措施。

此外，也有一些学者对"技术联盟风险源"（联盟风险产生的本质原因）进行了探讨。唐璐（2007）通过总结相关研究成果发现，技术联盟风险主要来自于管理（如管理成本过高、利益目标差异、组织文化冲突、地理距离等）、资源（如组织资源不足、技术和技术人才流失等）、道德（信任缺失、契约不完全和机会主义行为等）和能力（如沟通能力等）四个方面。

2.2.3 联盟不稳定性

Inkpen，Beamish（1997）认为，战略联盟的不稳定性是指战略联盟的目标、契约、控制方式以及伙伴关系等方面发生非计划内的重大变化。对于联盟不稳定问题的研究始于1971年Franko的开拓性研究，然而直到20世纪90年代该问题才得到学术界的重视，对于联盟不稳定性研究主要集中在不稳定性成因和不稳定性影响因素两个方面。

2.2.3.1 不稳定性成因

Zeng，Chen（2003）；Hennart（1988）；Parkhe（1993）；以及Madhok，Tallman（1998）等国外学者分别从"交易成本理论""博弈论""资源依赖理论""社会困境理论"等视角对联盟不稳定性成因进行了解释。

交易成本理论视角学者坚持使用Coase（1937）和

Williamson（1971）的经典分析框架来深入研究联盟形成动因和联盟风险，他们的主要观点是：联盟中的机会主义行为会因"信息不对称"现象的出现而发生，进而导致联盟成员间信任的缺失；当联盟成员不信任后，他们就会出现"对联盟投入不足""阻碍信息、知识和技术的共享"等行为，这些行为都会加大监督成本和防护成本等经济成本。

博弈论视角的学者的主要观点是：联盟成员通常会在"合作"和"不合作"两个策略上做出选择，如果联盟成员选择"不合作"的收益大于选择"合作"的收益，则联盟成员必定会选择"不合作"，从而导致联盟不稳定。

资源依赖理论是战略联盟形成机制研究中的一个核心理论，该理论也可用于"联盟合作风险"，特别是"联盟不稳定性"的相关研究。资源依赖理论视角的学者的主要观点如下：联盟成员在联盟谈判过程中的讨价还价能力会因为"专用资产套牢"和"资源溢出效应"而被削弱；联盟成员为了规避讨价还价能力被削弱的风险，就会出现消极投入的情况，从而引发联盟的不稳定。此外，当联盟成员从合作者那里获得所需资源后，就会减少合作努力，消极怠工，这也会引发联盟的不稳定。

基于社会困境理论的联盟不稳定性研究是从社会学角度出发，特别关注影响联盟成员选择的非经济因素。社会困境理论学者认为：联盟成员一方面通过合作获得更多的收益，另一方面也通过竞争让自己从联盟利益分配中获得更大的份额，这一现实导致各联盟成员在充分合作的同时避免不了竞争，此即"社会困境"。"社会困境"的出现必然会影响联盟的稳定性。

2.2.3.2　不稳定性影响因素

联盟不稳定性的影响因素是错综复杂的，很多学者对联盟不稳定性的影响因素提出了各种各样的观点，比较具有代表性的是 Gomes, Casseres, Harrigan, Hennart, Roehl & Zietloe, Ikpen, Beamish, 等等。

Gomes-Casseres（1987）认为联盟不稳定性可分为"破产清算""被吞并""兼并"三种类型，并通过对5933家国外制造企业的子公司进行实证研究发现：有所有权结构变化经历的企业占到企业总数的1/3，并且因所有权结构变化而导致不稳定的合资企业占到所有不稳定合资企业的52%。根据以上研究结果，Gomes 和 Casseres 认为所有权结构变化是联盟不稳定的主要原因之一。

Harrigan 等（1998）通过对895家企业联盟进行实证研究发现，联盟的失败率高达54.8%，并讨论了联盟不稳定的主要原因，包括联盟成员民族差别、国别差别、文化差别、规模悬殊、合作经验非对称等。

Inkpen, Beamish（1997）研究发现，联盟中外方合作者对本地重要知识的获取，改变了合作双方的相互依赖程度，进而破坏了联盟各方在谈判地位上的均衡，最终导致联盟失败。

Hennart, Roehl, Zietlow（1999）研究发现，在东道国的经验对合资企业的终止没有影响。

Park, Ungson（1997）认为，联盟成员间存在竞争和冲突的联盟通常具有较高的不稳定性。

Yan，Zeng（1999）基于前人的研究成果，将战略联盟稳定性的因素概括为内在合作冲突、文化差异、控制权结构、成员特性和外在环境五个方面，同时分析了发展趋势，提炼出了未来有价值的研究方向，如战略联盟不稳定性（或稳定性）定义的重新界定等。

根据以上具有代表性的研究成果不难发现，联盟不稳定性的影响因素主要可以归为如下几类：所有权结构的变化、联盟成员的经验、联盟控制权结构、联盟成员间的规模与文化差异以及在联盟管理方面的冲突等。

2.3 风险管理理论与方法综述

2.3.1 风险管理理论综述

一般认为风险管理理论起源于美国，美国管理协会于1962年出版了一部名为《风险管理之崛起》的专著，大大推动了风险管理理论的发展。纵观风险管理理论发展历程，先后经历了传统风险管理、全面风险管理、基于生命周期的风险管理以及集成风险管理四个阶段。

（1）传统风险管理阶段。该阶段，一些机构和学者比较注重研究风险管理的具体过程，比较具有代表性的有：D. B. Hertz，Thomas H.（1983）认为一个完整的风险管理应包括"风险识别""风险计量""风险评价与再评价"等环节。R. W. Hayes 等（1987）研究发现风险管理从本质上讲是一个包括风险识别、风险分析和风险对策的系统过程。美国项目管理协会分别从"过程观""方法观""决策观"三个不同视角对风险管理的内涵给予了解释,具体如下:风险管理是一种系统识别和评价因素的形式化过程;风险管理是一种能识别和控制潜在风险事件发生的系统方法;风险管理是在识别和评估风险的基础上,采取风险对策的决策科学和决策艺术的结合[①]。综合以上研究成果,可以得出如下结论:风险管理是一个包括风险识别、风险评估和风险防控的系统过程。该结论为本书的研究提供了重要借鉴。

(2)全面风险管理阶段。全面风险管理始于1998年金融危机后,该理论发展的主要原因在于:风险管理各环节之间具有联动性,有必要运用系统观点对风险各层次的所有风险在全过程内进行全面管理。国内代表性研究成果有唐坤等(2004),王宏伟等(2006)。以上研究成果的主要贡献在于提出了全面风险管理体系,该体系具体由风险管理的环境体系、目标及制度体系、流程体系和方法体系组成。

(3)基于生命周期的风险管理阶段。随着风险管理理论的不断发展,风险管理的时间纬度得到了学者的重视,并从这一维度提出了基于全生命周期的风险管理理论。H. Ren(1994)第一个给出了风险生命周期概念。V. M. R. Tummala等(1994)提出了一个基于生命周期的风险管理过程,该过程具体包括识别、衡量、估计、评价和监控五个主要环节。该风险管理过程是一个动态过程,可将其应用于项目全生命周期

---

① 美国项目管理协会:《项目管理知识体系(PMBOK)2000版》,北京现代卓越管理技术交流中心,2001,第1~12页。

的不同阶段。国内学者也对基于生命周期的风险管理进行了研究，认为从项目开始到项目结束，都必须在项目全生命周期内进行风险的识别、评价和控制[①]。

（4）集成风险管理阶段。集成风险管理理论综合了全面风险管理理论和基于全生命周期的风险管理理论的优点，可对全生命周期的所有阶段上所存在的各类风险进行全过程管理，并能优化整合风险管理要素和资源，全面、系统地管理风险，最终实现风险管理目标。集成风险管理成为风险管理的新趋势[②]。

2.3.2 风险管理方法综述

风险管理方法可进一步分为"风险识别""风险评价""风险防控"三类。

（1）风险识别。

风险识别是风险管理的首要工作。一般来讲，"定性分析"是风险识别时采取的主要分析方法。风险识别的定量分析具体又可分为"表格分析法"和"风险列举法"两类。表格分析法通常使用到风险分析调查表、保单检视表和资产—暴露分析表。而风险列举法方面，通常包括"财务分析""流程图分析""层次结构分析"三种类型。财务分析法具体是指基

[①] 张亚莉、杨乃定、杨朝君：《项目全生命周期风险管理的研究》，《科学管理研究》2004年第2期，第27~30页；祁世芳、贾月阳：《工程项目的风险管理研究》，《太原理工大学学报》2002年第23卷第1期，第95~99页。

[②] 欧阳建涛、陈睿、刘晓君：《工程项目全生命周期风险集成化管理研究》，《基建优化》2006年第2期，第70~73页；Ali Jaafari, "Management of Risks, Uncertainties and Opportunities on Projects: Time for a Fundamental Shift," *International Journal of Project Management*, 2001, 19 (2): 89–101.

于财务报表等财务资料来对企业经营过程中所面临的各类风险进行识别。流程图分析法的基本原理是将企业经营过程中所涉及的各要素间的关系通过流程图的形式描述出来,然后基于此流程图分析那些可能会诱发企业风险的要素及关系。层次结构分析法的基本原理是通过分析风险的内在结构,进而将各类风险与其所影响的具体对象一一对应起来,最终达到风险识别的目的。

(2) 风险评价。

风险评价方法主要包括头脑风暴法、德尔菲法、故障树分析法、风险价值法、层次分析法和模糊综合评价法等。

头脑风暴法、德尔菲法和故障树分析法属于定性分析方法,能够充分综合各专家的知识和经验,但分析结果往往不够精确,因此这几种方法在风险评价研究中使用并不广泛。

层次分析法(AHP)是由著名运筹学家 T. L. Satty 于 20 世纪 70 年代初提出的一种定性分析和定量分析相结合的目标决策分析方法。运用该方法评价风险的主要步骤为:首先建立层次分析结构模型,其次构造判断矩阵,最后求出矩阵最大特征值对应的特征向量,便可对项目风险大小进行评价。AHP 法可很好地处理定性和定量相结合的问题,将决策者的主观判断与政策经验导入模型,并加以量化处理。

在风险评价过程中,常会出现这样一种现象:一些事件的风险程度很难用数字精确描述,而应用一种边界不清楚的概念来表示,我们将这种现象称为模糊性。对具有模糊性的风险评价,可运用模糊数学的相关理论和技术,通过构建风险评价因素集和评语集,得到综合评价矩阵,最后使用合成算子求出风险评价结果。

(3) 风险防控。

目前,较为常见的风险防控手段主要有"风险回避""风险转移""风险控制""风险自留"等。

综合分析以上相关理论和研究文献后,本书认为,现今"风险管理"问题研究的重点不在于风险防控手段具体如何应用,而在于如何有机整合风险管理方法和手段,从而提高风险管理的整体效果和效率。

2.4 系统科学和综合集成方法理论综述

"系统科学"的理论和应用研究都取得了巨大进展[①]。所谓系统,是指由一些互相关联、互相作用、互相影响的组成部分所构成的具有某些功能的整体。系统科学就是以这种在自然界和人类社会中普遍存在的系统作为研究对象的。系统科学具有明显的层次性:直接用于改造客观世界的技术应用和实践是系统工程;运筹学、控制论、信息论等处于技术科学层次,直接为系统工程提供方法、理论;而处于基础科学层次的系统学,其主要作用在于揭示系统规律。

系统分为简单系统和巨系统两类。它们的区别在于其子系统种类的多寡和子系统间关系的复杂程度。简单系统的子系统种类一般只有几种,子系统间关系较为简单,常表现为线性关系。而巨系统的子系统种类繁多,子系统间关系复杂,通常表

---

① 钱学森等:《论系统工程》(增订本),《系统科学与系统工程丛书》,湖南科学技术出版社,1988。

现为非线性关系。简单系统可由其子系统间相互关系直接综合而得到系统总体功能。对于一个巨系统而言，如果其子系统种类繁多，并且子系统间关系复杂，我们可以称其为复杂巨系统。倘若该复杂巨系统与其所处外部环境有能量、信息等交换，我们可以进一步称该复杂巨系统为"开放的复杂巨系统"。生活中较为常见的开放的复杂巨系统，如人体系统、城市系统和经济系统等。以上系统都具有一个共同的特征，那就是无论在结构、功能、行为和演化方面，都很复杂，还有大量的问题不清楚。开放的复杂巨系统并非一个新生事物，广泛存在于自然界和人类社会。大多数人之所以感到陌生，主要原因在于人们以前没有运用复杂性科学观点去探索此类问题。

复杂性科学的相关研究现已形成三大主流，即"复杂适应性系统（CAS）理论""远离平衡态理论""开放的复杂巨系统理论"。其中 CAS 理论以美国的 Santa Fe 研究所为代表，尽管该理论在方法上有所突破，但在方法论上没有根本摆脱"还原论"的约束，因此陷入了困惑的境地[①]。开放的复杂巨系统理论，由我国的钱学森等科学家于 20 世纪 80 年代末提出，核心内容为"综合集成方法"，是三大主流中唯一能处理开放复杂巨系统问题的方法。20 世纪 80 年代末，我国科学家钱学森指出，在研究开放的复杂巨系统时，必须将以专家为代表的人工智能和以计算机为代表的机器智能集成。1990 年，钱学森、于景元和戴汝为等首次提出"从定性到定量的综合集成方法"的

---

① 顾基发、王浣尘、唐锡晋：《综合集成方法体系与系统学研究》，科学出版社，2007。

概念，具体就是指这种将人工智能和机器智能相集成，并能研究开放的复杂巨系统问题的研究方法①。综合集成方法采取的是人机结合、人网结合、以人为主的技术路线，实现信息、知识和智慧的综合集成。综合集成方法实现了对传统方法的兼容并蓄，既继承了传统方法的长处，又克服了传统方法的不足；既实现了对还原论方法的超越，又实现了对整体论方法的发展。

在运用"综合集成方法"处理开放的复杂巨系统和开放的复杂巨系统问题的实践过程中，通常包括以下三个步骤（或层次）：

第一步，定性综合集成。在该步骤中，应组建一个专家团队，该专家团队应包括不同学科领域的若干名专家。这些专家根据自己的专业特长，能从不同层次、不同方面和不同的角度去认识所要处理的复杂性问题。通过综合专家团队中各位专家的意见，就可对所要处理的复杂性问题进行多层次、多方面和多角度探索，进而获得更为深入和全面的认识。

第二步，定性定量相结合综合集成。通过定性综合集成，专家团队中的各位专家对于复杂性问题达成共识。由于这种共识并不一定正确，因此，我们在完成"定量综合集成"的基础上，还需进行"定性定量相结合综合集成"，从而将对问题的定性描述上升到定量描述。进行"定性定量相结合综合集成"时，首先应建立相应的指标体系和模型体系。专家在

---

① 钱学森、于景元、戴汝为：《一个科学新领域——开放的复杂巨系统及其方法论》，《自然杂志》1990年第13卷第1期，第3~10页。

"机器体系"的辅助下,对先前的经验性假设和判断进行系统模拟实验或定量分析,从而得到对经验性假设和判断的一种定量描述。

第三步,从定性到定量综合集成。这一步,专家团队会将第一步得到的定性描述和第二步得到的定量描述进行综合集成。如果专家团队能根据定量描述做出"先前经验假设和判断是正确的"这样一个结论,就算完成了从定性到定量的综合集成。如果不能得到上述结论,就需要调整模型及参数或者进行一些其他改进,再重复上述综合集成过程,通过人机交互、反复对比,逐次逼近,直到专家团队能根据定量描述做出"先前经验假设和判断是正确的"这样一个结论,这才算完成从定性到定量综合集成。

"定性综合集成",到"定性定量相结合综合集成",再到"从定性到定量综合集成",是一个完整的过程。该过程可由图2-1描述。

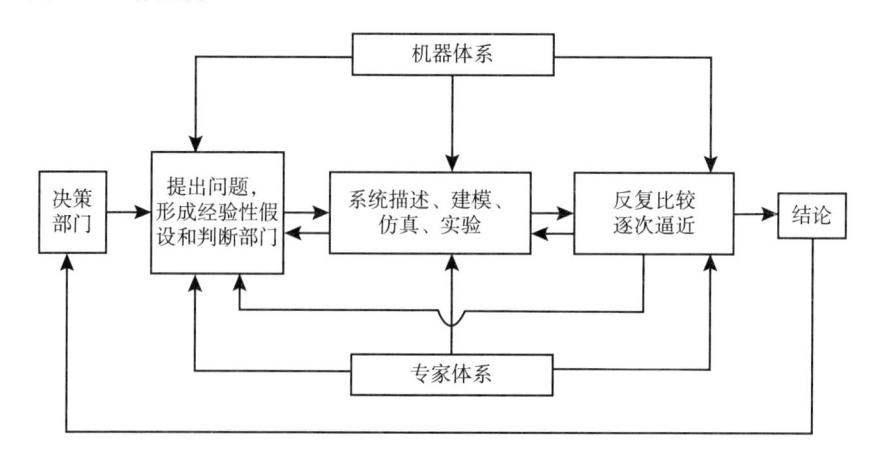

图2-1 综合集成过程

综合集成方法相关理论的研究工作得到了学术界的重视。1999年，一项名为"支持宏观经济决策的综合集成研讨体系研究"的课题得到了国家自然科学基金的资助。2003年，从定性到定量的综合集成研讨厅体系雏形系统研发成功，并在国际应用系统分析研究所演示，引起普遍关注。2004年，对从定性到定量的综合集成研讨厅体系做了进一步研究，提出了搭建相应操作平台的若干原则。2005年，美国、日本等国对"基于信息空间综合集成研讨体系"开展了研究，得到了一系列研究成果。不难预见，未来一段时期内的科学研究将被"从定性到定量的综合集成法"所引领。因为"从定性到定量的综合集成法"作为一种科学方法论，会在不同学科的交叉、融合发展中起到不可或缺的作用。

此外，大量的学者和实践人员，对综合集成方法的应用问题开展了研究。这些研究主要是思考如何把系统科学和综合集成方法应用到某类具体的行业和实践中，以取得一定的成果，如航天系统工程、重大自然灾害应对[①]等。到目前为止，将综合集成方法应用到产业技术创新战略联盟风险管理中进行系统研究的成果尚不多见。

2.5 本章小结

在本章中，先后对"产学研合作创新""技术联盟""风

---

① 徐玖平、郝春杰：《汶川特大地震灾后对口援建系统工程的综合集成模式》，《系统工程理论与实践》2008年第28卷第10期，第1~13页；徐玖平、卢毅：《地震灾后重建系统工程的综合集成模式》，《系统工程理论与实践》2008年第28卷第7期，第1~16页。

险管理理论与方法""系统科学和综合集成方法"四个方面的相关理论和研究文献进行综述,这为本书后续章节的具体研究提供了理论基础和借鉴。其中,"产学研合作创新"方面的相关文献综述是本章分析的重点,该方面相关研究文献综述具体又分为"产学研合作创新模式""产学研合作创新动机""产学研合作创新风险"三部分。

第3章 产业技术创新战略联盟风险管理总体架构

3.1 产业技术创新战略联盟风险及其管理的内涵

2008年12月，科技部、财政部和教育部等国家六部委联合下发了《关于推动产业技术创新战略联盟构建的指导意见》。在该指导意见中，明确给出了产业技术创新战略联盟的含义，本书在此不再赘述。接下来，本书将在广泛借鉴现有相关研究成果的基础上，着重探讨产业技术创新战略联盟风险及其管理的内涵。

3.1.1 产业技术创新战略联盟风险的内涵

过往的研究中，相关学者从经济学和项目管理两个视角，对一般风险的内涵进行了界定。

第一，经济学视角。1921年，美国著名的风险问题研究专家奈特（Frank H. knight）在其《风险、不确定性和利润》一书中将风险与不确定性进行了区别，并认为风险特指不愿发生的事件发生的不确定性[①]。1952 年，诺贝尔经济学奖获得者哈里·马克维茨在其投资组合理论中对风险进行了界定。他认为，风险既不是指坏结果本身，也不是指坏结果发生的不确定性，而应指存在于各种可能结果之间的差异性[②]。再后来的学者基本上是基于奈特和马克维茨的观点，提出了各自对于风险内涵的理解，如：J. S. Rosenbloon（1972）和 F. G. Crane（1984）等认为风险应指未来损失的不确定性；Williams 等（1989）学者认为风险是在给定的情况下和特定的时间内，那些可能结果间的差异，后来又提出风险应当是指所有可能结果的方差。2003 年，我国台湾学者宋明哲（1983）教授将已有关于风险内涵的界定归纳为"主观说"和"客观说"两类。"主观说"起源于奈特，核心观点是：风险应当指损失的不确定性；"客观说"起源于马克维茨，核心观点是：风险应当指一定条件和时期内，各种可能结果的差异程度。从经济学视角，对于风险内涵的界定，实际上可以分为两类，即不确定性和结果发生的差异程度。

第二，项目管理视角。1991 年，英国项目管理联合会从项目管理视角对风险内涵进行了界定，认为风险应指项目外部环境和内部事件的不确定性，给项目运行和目标达成带来的消极影响，风险具体表现为不良后果。随后，美国项目管理协会，Tunner，Jaaffari（2001）等机构或学者相继对风险的内涵进行了界定。通过分析后不难发现，基于项目管理视角的不同

[①] Frank H. Knight, *Risk, Uncertainty, and Profit*, Houghton Miffin Company, 1921.
[②] James C. Van Horne, John M. Wachowicz Jr.：《财务管理与政策》，清华大学出版社，1998，第 38~46 页。

第3章　产业技术创新战略联盟风险管理总体架构

学者对于风险定义也存在着差别，其中一部分学者认为：风险应指项目中各类不确定性导致项目运行实际状况和预期不一致的可能性；而另一部分学者认为，风险不但可以解释为项目运行结果与预期不一致的可能性，还可解释为风险事件发生带来的后果。这里所说的"风险事件发生带来的后果"一般是指风险事件带来的负面后果。

产业技术创新战略联盟的运行通常是以技术合作创新项目为载体，因此，本书将从项目管理视角对产业技术创新战略联盟风险内涵进行界定。界定产业技术创新战略联盟风险内涵时，必须考虑到联盟的三个要素，即联盟主体、联盟客体和联盟内外部环境。产业技术创新战略联盟主体是指那些创建产业技术创新战略联盟，并从事技术合作创新的组织，一般包括企业、大学和科研机构；它们是技术创新活动所创造的利润的分享者，同时也是相应风险（损失）的承担者。产业技术创新战略联盟客体，是指产业技术创新战略联盟所进行的技术合作创新活动。产业技术创新战略联盟内外部环境可分为联盟内部环境和联盟外部环境。联盟内部环境，主要是指联盟内产、学、研各方之间的相互关系；联盟外部环境，主要是指联盟所在行业以及与行业有关的宏观经济背景、政策法规和信用体系等。

综合以上分析，本书将"产业技术创新战略联盟风险"的内涵界定为：由于产业技术创新战略联盟外部环境的不确定性、联盟技术创新活动的复杂性以及联盟主体能力的有限性和相互间关系的不和谐性，从而产业技术创新战略联盟运行结果与预期目标出现明显负面偏差的可能性及其后果。产业技术创新战略联盟风险主要表现为以下两种形式：第一，联盟运行低效，未达到联盟成立时所设定的技术创新目标；第二，联盟运行过程中出现不可逆转的严重问题，导致联盟非计划或非正常解体。

3.1.2 产业技术创新战略联盟风险管理的内涵

风险管理思想在19世纪开始萌芽，它是伴随着工业革命的诞生而产生的。当时法国科学管理大师法约尔（Henri Fayol）在其所著的《一般与工业管理》一书中，首先将风险管理思想引入企业经营的过程，但未形成完整的体系。

1952年，"风险管理"一词最早出现于美国学者加拉格尔（Gallagher）的《费用控制的新时期——风险管理》调查报告中。自此，许多学者对风险管理展开了深入、系统的研究，一些著作和论文先后被出版或发表。其中，比较著名的是《企业的风险管理》（"Risk Management in the Business Enterprise"）一文和《风险管理与保险》（*Risk Management and Insurance*）一书。美国风险与保险学会于1983年通过了"101条风险管理准则"，使风险管理更趋向规范化。"101条风险管理准则"主要包括风险管理的一般原则、风险识别、风险衡量和风险控制等内容。由于风险管理出发点、风险管理目标和风险管理运用范围等强调的侧重点不同，众多学者对风险管理给予了不同的定义，以至于到目前为止还没有一个被广泛使用的定义。迄今，对于风险管理，我国理论界较为普遍接受的定义为：风险管理是指风险管理主体首先对风险进行识别、衡量和评价，并在此基础上综合运用各种风险管理技术，对风险实施有效的防范和妥善控制风险所引致的可能损失，达到以最小成本获得最大安全保障的管理活动。从以上定义不难看出，"风险管理"是由风险管理主体组织实施，一般包括风险识别、风险评估和风险防控三个环节，最终实现"以最小成本获得最大安全保障"目标的一个具体管理活动。

综合以上分析，本书将"产业技术创新战略联盟风险管理"的内涵界定为：产业技术创新战略联盟风险管理主体首先对产业技术创新战略联盟风险进行识别、衡量和评价，并在此基础上综合运用各种风险管理技术和手段，对产业技术创新战略联盟风险实施有效防范和妥善控制。从以上定义不难看出，产业技术创新战略联盟风险管理活动至少包括"风险识别""风险评价""风险防控"三个环节。

3.2 产业技术创新战略联盟风险管理过程框架

3.2.1 一般风险管理过程理论综述

国外的一些学者和机构对于风险管理过程展开了较多的研究，但并未形成一致的观点。国外一些学者和机构都提出了自己对于风险管理过程的见解，其中比较具有代表性的有：

Charette（1989）认为风险管理体系首先可分为风险分析和风险管理两个阶段，风险分析和风险管理又分为三个可能会出现交叉和重叠的过程，具体而言，分析阶段包括识别、估计和评价三个过程，管理阶段包括计划、控制和监督三个过程。

Boehm（1991）详细描述了他的风险思想体系，他把风险管理活动分成两大阶段，即风险估计阶段和风险控制阶段。风险估计阶段包含三个步骤：风险辨识、风险分析和风险排序。

风险控制阶段也包含三个步骤：编制风险管理计划、风险解决和风险监督。

Kliem，Ludin（1997）根据 Deming 提出的质量管理的四个步骤（计划、行动、监察、反应）描述了一个四阶段风险管理过程：风险辨识、风险分析、风险控制和综合报告。

Faidey（1994）将风险管理全过程划分为 7 个部分，分别为风险因子的辨识、风险概率和后果的评估、减轻风险策略的制定、风险因子的监控、紧急计划的调用、项目危机处理以及项目从危机中复苏。

Chapman，Ward（2003）构造了一个通用的、共包括 9 个阶段的项目风险管理过程：定义项目的关键域、制定风险管理策略方法、辨识风险源、构建风险假定和关联信息、指定风险责任和应对措施、估算不确定程度、评价风险间的关联度、制订应对计划以及监控和控制风险。

西班牙学者 Alfredodel Cano（2002）将风险管理过程分为四个阶段，即启动、权衡、维护和学习。以上四个阶段又可以进一步细分为若干个步骤。

V. M. Rao Tummala 等（2006）将风险管理过程划分为五个阶段，依次为辨识、量化、预判、评测和监控。

英国学者 Chapman C. B. 在其早期提出的 SCERT 风险描述中将项目风险管理过程划分为范围、结构、参数、操作和解释五个阶段。

除了上述各位学者提出的风险管理流程框架外，一些风险管理组织或机构，如三大国际项目管理组织（PMI、IPMA 和 APM）以及英国国防部等也对风险管理过程框架进行了界定，

第3章 产业技术创新战略联盟风险管理总体架构

具体如下：

PMI 认为一个完整项目风险管理过程至少应包括以下六个环节，具体为风险管理规划、风险辨识、风险定性、风险量化、风险处置和风险监控。

IPMA 与 PMI 的观点有所差异，该组织认为项目风险管理过程只有五个阶段，具体为风险识别、风险归类、风险量化、风险处置以及风险监控。

APM 对于项目风险管理过程的划分更为细致，共分为 9 个阶段，具体有定义、集中、识别、结构、归类、估计、评价、计划和管理。

英国国防部将项目风险管理过程划分为启动、辨识、剖析、应对计划和控制五个环节。

此外，国内的一些学者或机构也对风险管理过程做了相应研究，比如：中国项目管理研究会（PMRC）将项目风险管理过程划分为风险规划、辨识、评估、量化、应对和监控六个环节。国内学者和机构对于风险管理过程的研究大多是对国外相关研究的学习和借鉴，并没有多大的新意，因此不再阐述。

综合分析以上一般风险管理过程的相关理论和研究文献后不难发现：风险管理过程一般包括风险识别、风险评估和风险防控三个阶段。尽管各种具体的风险管理过程理论会根据风险管理主体偏好和客体特征的差异而在划分粗细程度上有所变化，但在风险管理过程的主要内容上体现了很好的统一性。因此，以上研究成果对于各种各样的具体风险管理过程，如产业技术创新战略联盟风险管理过程等，具有可借鉴性。

借鉴上述一般风险管理过程理论，再结合产业技术创新战略联盟风险管理特点，本书构建了"产业技术创新战略联盟风险管理过程框架"。

3.2.2 产业技术创新战略联盟风险管理过程框架及其模块分析

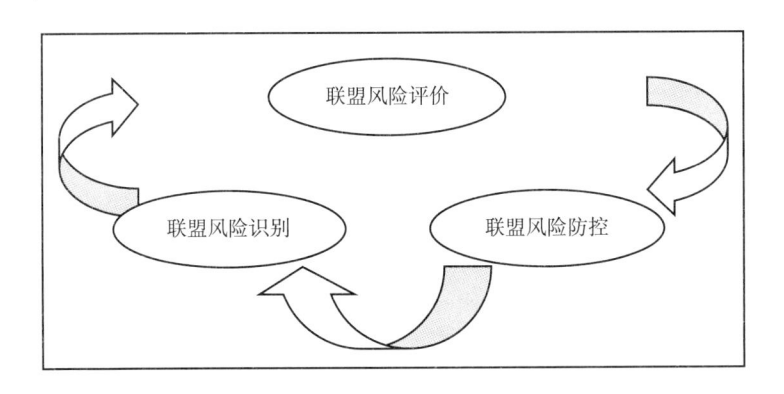

3.2.2.1 产业技术创新战略联盟风险管理过程框架分析

本书通过借鉴一般风险管理过程理论，构建了产业技术创新战略联盟风险管理过程框架，如图3-1所示。该框架为本书后续研究确定了研究范围和研究对象，即联盟风险识别问题、联盟风险评价问题和联盟风险防控问题。

图3-1 产业技术创新战略联盟风险管理过程框架

"联盟风险识别""联盟风险评价""联盟风险防控"是产业技术创新战略联盟风险管理过程的三大模块，也可以视做产业技术创新战略联盟风险管理过程的三个阶段，它们互为补充、互为前提、缺一不可。接下来，本书将对以上模块或阶段的相关内容作进一步分析。

3.2.2.2 产业技术创新战略联盟风险识别模块

Al-Bahar & Crandall（1990）对风险识别的定义进行了界定，认为风险识别是指对风险相关事件进行系统的、持续的发现和分类的过程。也有学者把风险识别理解为一种识别和搜集风险事件、测试事件后果，最终记录识别结果的过程。综合以上定义，结合产业技术创新战略联盟风险特征，本书认为产业技术创新战略联盟风险识别是指产业技术创新战略联盟风险管理主体通过运用各类风险识别技术和风险识别经验，对产业技术创新战略联盟风险因素进行系统、全面和动态发掘，并根据一定标准（风险性质、风险发生事件和风险来源等）进行分门别类的过程。产业技术创新战略联盟风险识别是进行产业技术创新战略联盟风险管理的第一步，是产业技术创新战略联盟风险有效管理的基础和关键。在产业技术创新战略联盟风险管理过程中，只有尽可能地将产业技术创新战略联盟风险全部识别出来，产业技术创新战略联盟风险管理主体才能对产业技术创新战略联盟风险有一个全面的把握。如果风险识别比较全面，即使不采用定量分析，也可以让产业技术创新战略联盟风险管理主体制定出相应的应对措施，减少产业技术创新战略联盟运行的不确定性；相反，如果很重要的风险因素在识别中被遗漏，即使采用无比精确的数学推理，也只能得出不真实或不全面的结论。

产业技术创新战略联盟风险识别是产业技术创新战略联盟风险管理的关键，而做好产业技术创新战略联盟风险识别的关键在于准确把握"联盟风险识别特点"和科学选择"联盟风险识别的方法"。

（1）产业技术创新战略联盟风险识别的特点。

①全员性。产业技术创新战略联盟的风险识别不仅需要联盟各成员的相关负责人参与，而且还需要联盟各成员的全体员工参与并共同完成任务。这主要是因为联盟内的每名员工都有自己的工作经历和风险管理经验，全员参与可以将相关经验汇总和共享，这将有利于更加全面和准确地识别联盟风险。

②全生命周期性。每一个产业技术创新战略联盟都有其自己的生命周期，联盟风险在联盟生命周期的任何阶段都可能发生，并在不同的阶段表现为不同的具体形式。在进行产业技术创新战略联盟风险识别时，应充分考虑到这一特征。

③动态性。产业技术创新战略联盟自身的动态性决定了联盟风险识别具有动态性。产业技术创新战略联盟风险识别的动态性，意味着需要在联盟生命周期的各个阶段多次进行风险识别，也需要根据联盟内部条件和外部环境的变化情况适时、定期进行联盟风险识别。

④综合性。产业技术创新战略联盟风险识别作为一项综合性较强的工作，这种综合性体现在人员参与上、信息收集上和范围上，同时也体现在风险识别过程中需要综合应用各种风险识别技术和工具。

⑤信息性。产业技术创新战略联盟风险识别对信息的依赖性非常强，因此，风险识别的一项重要的基础性工作就是收集相关的信息，包括联盟内部各个成员的信息、各个成员相互之间的信息以及动态联盟外部环境中存在的信息等。相应识别出的信息的全面性、准确性、及时性和动态性将会直接影响到联盟风险识别工作的质量和结果的可靠性。

(2) 联盟风险识别方法。

①头脑风暴法（Brain Storming）。头脑风暴法又称智力激励法、BS法、自由思考法，是由美国创造学家A.F.奥斯本于1939年首次提出、1953年正式发表的一种激发性思维的方法。该方法是克服团队内遵从压力的一种相对简单的方法，该方法的主要特点是在鼓励提出任何种类的方案设计思想的同时，禁止对各种方案的任何批评。

②德尔菲法（Delphi Method）。德尔菲法是由O.赫尔姆和N.达尔克在20世纪40年代首先提出的，该方法经过兰德公司的进一步发展，已成为重要的定性分析方法。该方法运用的具体程序为：第一，邀请相关专家组成专家小组。第二，将所要解决的问题、相关要求以及背景材料提交各位专家。第三，各位专家基于相关材料，并结合自己的知识和经验，对问题给出自己的意见。第四，收集、对比分析各位专家意见，并将对比分析结果回复各位专家，专家根据对比分析结果，对先前给出的意见进行第一次修改。第五，对各位专家修改后的意见再次收集并进行对比分析，以便各位专家对意见做出第二次修改。这样的过程将会反复进行，直到各位专家的意见达成一致。第六，对各位专家达成的一致意见进行整理，得出分析的最终结果。

③会计报表分析法。该方法通过分析企业的主要会计报表，如资产负债表、营业报表等以及相关的补充资料，可以识别企业当前所可能面临的各种风险，为下一步风险的评价和防控提供基础。

④风险核对表法。此法主要是对过往类似联盟的风险来源

进行归纳汇总，形成一份联盟风险事件核对表。然后参照此表，将现有联盟所面临的情况与核对表进行对照，这样就很容易发现现有联盟会面临哪些潜在的风险。

此外，常见的风险识别方法还有模拟比较法和顶层风险矩阵表等。在产业技术创新战略联盟风险识别实践中，需根据具体情况，灵活地选用一种或多种风险识别方法。

3.2.2.3 产业技术创新战略联盟风险评价模块

在产业技术创新战略联盟风险管理过程中，"联盟风险识别"的下一阶段就是"联盟风险评价"。联盟风险评价阶段，是在联盟风险识别的基础上，通过运用各种定性、定量以及定性定量相结合的风险分析模型，逐一分析产业技术创新战略联盟各类风险发生的概率，并由各类风险具体情况综合得到产业技术创新战略联盟整体风险水平，为下一阶段产业技术创新战略联盟风险的防控提供依据。

在进行产业技术创新战略联盟风险评价时，应首先明确以下几个方面的内容：

（1）产业技术创新战略联盟风险评价的内涵。所谓"产业技术创新战略联盟风险评价"，就是基于产业技术创新战略联盟风险识别，首先建立风险评价指标体系，其次综合运用各类定性、定量风险评价模型，对产业技术创新战略联盟风险影响因素、风险发生概率及其引致损失大小进行综合评价。

（2）产业技术创新战略联盟风险评价的目标。由于产业技术创新战略联盟是一个新生事物，所以联盟风险评价的相关信息通常具有"灰度"。因此，本书中产业技术创新战略联盟风险评价的目标应确定为：在克服"灰度"不良影响的前提下，对联盟各类风险发生的概率做出较为客观的评价，为下一步产业技术创新战略联盟风险的防范和控制提供依据。

（3）产业技术创新战略联盟风险评价的基本原则。在产业技术创新战略联盟风险评价中，应注意以下几项基本原则，具体为："评价指标选取的系统性""指标权重确定的合理性""评价过程的规范性""评价方法的科学性""评价结果的客观性"。其中应特别注意"评价过程的规范性"和"评价方法的科学性"两个原则。

（4）产业技术创新战略联盟风险评价的一般步骤。一个规范的联盟风险评价过程，通常应包括以下几个步骤：确定联盟风险评价目标、选择联盟风险评价模型、综合评价、分析评价结果并得出最终评价结论。"选取联盟风险评价指标及构建指标体系"和"选择联盟风险评价模型"是其中的重点。

（5）产业技术创新战略联盟风险评价的基本方法。现有的风险评价方法大致可以分为"定性评价方法""定量评价方法""定性定量相结合评价方法"三类。每一类评价方法又包括若干种具体的评价方法，如情景分析法、层次分析法和模糊综合评价法等。所谓"评价方法的科学性"原则，就是指在产业技术创新战略联盟风险评价过程中，根据联盟风险的主要特点合理选择评价方法。本书中，具体选择何种评价方法，将在第5章予以具体论述。

3.2.2.4 产业技术创新战略联盟风险防控模块

产业技术创新战略联盟风险防控，即指产业技术创新战略联盟风险的防范与控制，包括联盟风险防范和联盟风险控制两个部分。所谓"风险防范"，就是指在风险未发生前，联盟风险管理主体通过组织、指挥、计划、协调和控制等管理活动，降低风险发生的可能性，以达到技术创新活动利益最大化的目的。而联盟风险控制则是指在联盟风险真正发生后，联盟风险管理主体主动实施风险应对预案，从而达到将风险损失降到最低程度的目的。

产业技术创新战略联盟风险防控阶段需要解决的两个关键问题为联盟风险防控的手段和联盟风险防控的策略。

（1）产业技术创新战略联盟风险防控手段。

在进行联盟风险防控时，可供选择的手段通常有"风险规避""风险转移""风险自留""风险预防"四种。

"风险规避"是指风险管理主体主动放弃风险行为，从而实现对该风险行为可能招致损失的规避。"风险预防"具体是指风险管理主体通过采取一定的防范措施，以达到降低风险损失发生的概率和减小风险损失的目的。"风险转移"是指风险管理主体通过合同的方式，将风险转嫁到他方。而"风险自留"，顾名思义就是指自己独自承担风险，同时也独享风险行为可能带来的收益。

以上四种风险防控手段，没有优劣之分，只有适合不适合之分。因此，我们应根据风险防控过程中不同的具体情况做出合理选择。

（2）产业技术创新战略联盟风险防控策略。

联盟风险防控的基本策略是：在坚持风险和费用在联盟成员间共担及责、权、利对等的前提下，按风险管理绩效优先原则，对风险是否可控、是否可转移以及对自留相对风险和转移相对风险的大小进行比较分析之后，具体确定哪些联盟风险应该"规避",哪些应该"转移",哪些应该"自留",哪些应该"预防"。对于那些应该转移的联盟风险,可视情况选用保险转移、出让转移、合同转移和担保转移等方式处理,相应的转移成本由联盟成员共担。对于那些不应该转移或不能转移的联盟风险,视具体情况,合理选择具体的风险防控手段。产业技术创新战略联盟风险防控策略的具体内容将在第6章中作进一步分析,本处从略。

通过以上分析,本书构建了产业技术创新战略联盟风险管理过程框架,也阐明了该框架的基本内容。接下来,本书将对产业技术创新战略联盟风险管理系统的复杂性进行简要分析,并尝试在联盟风险管理的研究中引入"综合集成方法",构建"基于综合集成方法的产业技术创新战略联盟风险管理模型"。

3.3 基于综合集成方法的产业技术联盟风险管理模型

本节首先对产业技术创新战略联盟风险管理系统的复杂性进行分析,并在此基础上,通过将钱学森等提出的综合集成方法引入联盟风险管理的相关研究中,从而构建"基于综合集成方法的产业技术创新战略联盟风险管理模型",具体包括"产业技术创新战略联盟风险管理的HWME模型"和"基于Multi-Agent的产业技术创新战略联盟风险管理系统的概念模型"。本节所构建的产业技术创新战略联盟风险管理模型以及3.2节所构建的产业技术创新战略联盟风险管理过程框架共同为本书的后续章节研究界定了研究对象及范围,并提供了研究思路。

3.3.1 产业技术创新战略联盟风险管理系统的复杂性分析

产业技术创新战略联盟风险管理中的各种要素，包括管理组织、管理客体、管理流程、管理方法或技术、外部环境等，按照系统思想，可以将其架构为一个元素间相互联系、相互制约，具备特定功能的系统，即产业技术创新战略联盟风险管理系统。产业技术创新战略联盟风险管理系统是产业技术创新战略联盟系统中的一个子系统，其特定功能在于有效管理产业技术创新战略联盟风险。

由于产业技术创新战略联盟风险管理系统涉及产、学、研各方，每一方都有自身复杂的层级结构，并且与外部环境存在着物质、能量和信息的交换，因此，产业技术创新战略联盟风险管理系统是一个开放的复杂巨系统。"复杂性"是开放的复杂巨系统的基本特征之一。产业技术创新战略联盟风险管理系统的复杂性特征表现为"开放性""动态性""非线性""涨落与系统自组织""不确定性"等。具体分析如下：

（1）开放性。产业技术创新战略联盟风险管理系统是"科技—经济—社会"这一大系统的一个子系统。该子系统是一个非平衡的，并且具备开放性的系统，自身具备耗散结构。一个系统能长久维持下去的前提条件是该系统应具备反馈机制和对反馈做出反应的能力。产业技术创新战略联盟风险管理系统为了保持其自组织性，必须充分开放，与外界进行物质、能量和信息的交换，从外部环境中获取"风险管理人才""风险管理技术""风险管理数据"等负熵流，从而形成远离平衡的开放系统。

第3章 产业技术创新战略联盟风险管理总体架构

(2) 动态性。产业技术创新战略联盟风险管理系统既是一个开放系统,也是一个动态过程,其兼具开放性和动态性。产业技术创新战略联盟风险管理系统的动态性具体表现为,在产业技术创新战略联盟风险管理系统的运行过程中,系统内的"风险管理专家""风险管理技术""风险管理知识"等要素会频繁流动。此外,产业技术创新战略联盟风险管理系统内的企业、大学和科研机构这些风险管理主体也必须通过一定的作用机理和形式,进行相互渗透、激励和限制等,方能各尽其能,最终取得"1+1>2"的效果。

(3) 非线性。在产业技术创新战略联盟风险管理系统这样一个远离平衡的开放系统内的各要素之间存在着较为明显的非线性相互作用。这种要素间的非线性作用,把系统内诸要素联系起来,并形成双向信息传递的催化循环关系,从而使微小涨落越来越大,直至形成巨涨落[1]。产业技术创新战略联盟风险管理系统的非线性表现在系统内各风险管理主体的竞争和协同上。系统内的产、学、研各方,一方面通过自身努力,尽可能减少风险或把风险转移给合作方,即为竞争;另一方面通过共同协作努力,从整体上考虑如何降低产业技术创新战略联盟风险,即为协同。竞争造就了系统远离平衡态的自组织演化的条件,同时还推动了技术创新系统向有序结构的演化。协同能降低系统内熵值,使得系统处于最优化状态,从而获得最大的整体效益。

(4) 涨落与系统自组织。产业技术创新战略联盟风险管

---

[1] 秦书生:《技术创新系统复杂性与自组织》,《系统辩证学学报》2004年第12期,第62~67页。

理系统内部变量在系统与环境进行物质、能量和信息交换的过程中，会由量变引起质变，即系统内某一点的微小涨落会通过系统放大机制而成为巨涨落。这种由量变到质变的演化，为系统自组织进化提供了条件。在产业技术创新战略联盟风险管理过程中会遇到诸如合作创新主体风险偏好变化、风险管理外部环境变化、风险管理知识更替等涨落因素。系统内大量的微小涨落在如上涨落因素的激发下会放大为巨涨落，从而促进该系统的自组织进化。

（5）不确定性。产业技术创新战略联盟风险管理诸因素通过交互作用形成一个复杂网络，而该复杂网络构成产业技术创新战略联盟风险管理系统这一非线性系统。该系统处于非均衡状态，要素间联系方式以及系统与环境关系的不断变化，决定了风险管理的不确定性。

基于"产业技术创新战略联盟风险管理系统是一个开放的复杂巨系统"这样一个认识，可以将其纳入复杂性科学这样一个范畴进行研究。在该范畴中，钱学森提出了综合集成方法，并在此基础上发展出了综合集成研讨厅体系。

3.3.2 产业技术创新战略联盟风险管理的HWME模型

综合集成方法是一种处理开放的复杂巨系统的方法论，为研究开放的复杂巨系统问题提供了一般途径和技术路线。该方法的发展经历了"从定性到定量综合集成法"和"从定性到定量综合集成研讨厅体系"两个阶段[1]。综合集成方法的实质是一个高度

---

[1] 钱学森、于景元、戴汝为：《一个科学新领域——开放的复杂巨系统及其方法论》，《自然杂志》1990年第5期，第3~10页。

第3章 产业技术创新战略联盟风险管理总体架构

智能化的人—机—网结合的系统。该系统通过对专家、数据和计算机技术的综合集成,能把各学科的理论知识和人的经验判断相结合,从而让系统的整体优势和综合优势得以发挥。从以上分析不难看出,综合集成方法本质上是一种研究复杂巨系统问题的思想和方法论,而非通常人们所理解的其仅仅是一门具体技术[①]。由于产业技术创新战略联盟风险管理系统本身是一个开发的复杂巨系统,所以在其研究中引入综合集成方法具备必要性和合理性。

在对产业技术创新战略联盟风险管理相关因素进行全面、深入分析的基础上,按照综合集成研讨厅(Hall for Workshop of Metasynthetic Engineering,HWME)的思想,建立了产业技术创新战略联盟风险管理的 HWME 模型,如图 3-2 所示。

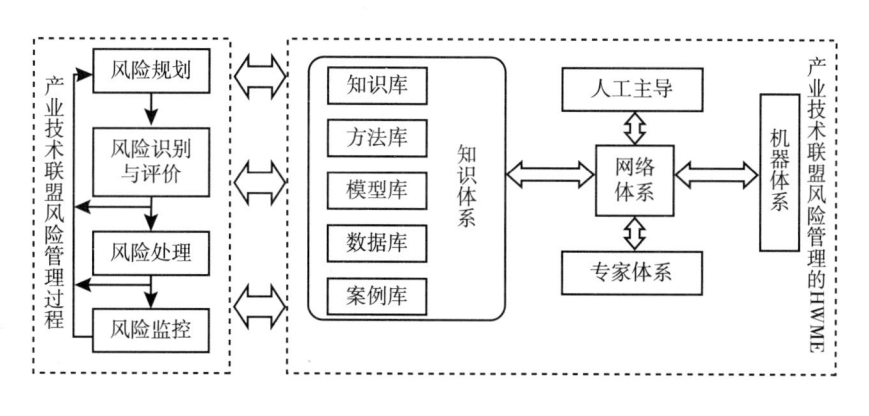

图 3-2 产业技术创新战略联盟风险管理的 HWME 模型

图 3-2 中右半部分即为本书提出的产业技术创新战略联盟风险管理的综合集成研讨厅,其显著特点是人—机—网络集成一体化,并以"人"为主导。该 HWME 模型主要包括专家

---

① 许国志、顾基发等:《系统科学》,上海科技教育出版社,2000,第 18~20 页。

体系、知识体系、网络体系和机器体系四大部分,其中专家体系最为重要。专家体系由跨层次、跨专业的专家,如技术创新专家、风险管理专家等动态组合而成,他们依据自身丰富的专业知识和工作经验在系统中起到人工主导作用。知识体系由知识库、方法库、模型库、数据库和案例库组成,其核心部分是知识库及其管理系统[①]。知识库及其管理系统的主要任务是以一定的知识表示形式存储与产业技术创新战略联盟风险管理有关的知识,如产业技术创新战略联盟合作创新过程中的基本风险以及该风险应对的措施、管理组织、管理文化等知识。

产业技术创新战略联盟风险管理的 HWME 的知识体系由产业技术创新战略联盟风险数据库、产业技术创新战略联盟风险模型库、产业技术创新战略联盟风险方法库和产业技术创新战略联盟风险案例库以及它们各自的管理系统构成。机器体系是以计算机为代表的机器智能所组成的系统;该机器体系反映了计算机等现代高新技术综合集成。网络体系包括网络基础设施与信息资源系统。四大体系相辅相成,专家体系、机器体系、网络体系以专家体系为知识动力源泉[②],而知识体系以专家体系、机器体系和网络体系为载体。

与通常的风险规划、评估、处理和监控的串联线性管理框架相比,该 HWME 模型具有两个特点:第一,它运用综合集成方法建立了风险管理的 HWME。通过 HWME 的建立,不仅

---

① 唐卫宁、徐福缘:《基于 HWME 和 SCOR 的供应链风险管理》,《科技管理研究》2008 年第 7 期,第 263~265 页。
② 沈小平、马士华:《基于人—机—网络一体化的综合集成管理支持系统研究》,《系统工程理论与实践》2006 年第 8 期,第 89~90 页。

第3章 产业技术创新战略联盟风险管理总体架构

有机融合了已有的产业技术创新战略联盟风险管理知识体系（如风险识别方法、风险评估模型和风险处理办法等），而且还能够结合相关领域专家的知识经验和以大型计算机为代表的机器智能，对产业技术创新战略联盟风险管理的全过程提供战略层面的风险管理总体架构，从而为产业技术创新战略联盟风险管理的"综合集成"提供了必要条件，同时也避免了普通串联线性模型的一些不足，如"信息孤立"和"有碍专家优势发挥"等。第二，该模型提供了一种持续的风险管理控制和反馈机制，从而能够对产业技术创新战略联盟风险实现持续动态的管理，具体情况如图3-3所示。在该模型中，产业技术创新战略联盟风险管理过程进一步细分为"风险规划""风险识别""风险评估""风险处理""风险监控/报告"五个过程，并将相关信息最后汇总到HWME。HWME将信息处理后反馈给各个过程，以便持续改善、提高联盟风险管理效果。

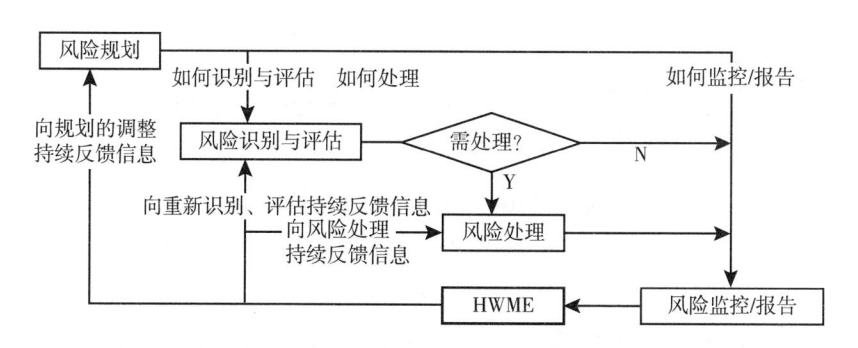

图3-3 HWME模型的控制与反馈

3.3.3 基于Multi-Agent的产业技术创新战略联盟风险管理系统的概念模型

在系统复杂性科学这一研究领域中，钱学森所提出的综合集成研讨厅思想的核心在于对人工智能和机器智能的综合集成。而对人工智能和机器智能进行综合集成的核心又在于，通过建立一个由专家团队、信息系统和计算机所组成的巨型人—机系统，从而把人工智能和机器智能结合起来[①]。此外，该领域的建模已不局限于传统数学方法，一些较新的建模技术已开始崭露头角，如 Multi-Agent[②] 建模技术。鉴于此，在 3.2 节所提出的产业技术创新战略联盟风险管理过程框架的基础上，本节将运用 Multi-Agent 技术，尝试构建一个产业技术创新战略联盟风险管理系统的概念模型，如图 3-4 所示。

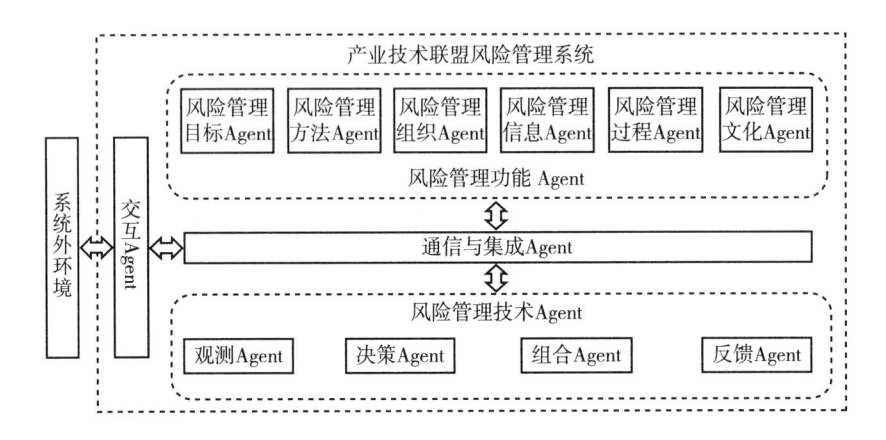

图 3-4 基于 Multi-Agent 的产业技术创新战略联盟风险管理系统的概念模型

基于 Multi-Agent 的产业技术创新战略联盟风险管理系统由风险管理功能 Agent、风险管理技术 Agent、通信与集成

---

① 崔霞、戴汝为、李耀东：《群体智慧在综合集成研讨厅体系中的涌现》，《系统仿真学报》2003 年第 15 卷第 1 期，第 146~153 页。

② 姜继娇、杨乃定、贾晓霞：《基于 HWME 的机构投资者 IRMS 原型设计》，《计算机工程与应用》2003 年第 36 期，第 34~37 页。

Agent、交互 Agent 四部分组成。其中风险管理功能 Agent 是一个 DataBase 形式的 Agent，其下又分为目标 Agent、方法 Agent 和信息 Agent 等六个模块。

产业技术创新战略联盟风险管理系统的功能 Agent、技术 Agent、通信与集成 Agent、交互 Agent 这四个部分紧密联系，相辅相成，缺一不可。风险管理技术 Agent 是风险管理系统的中枢，其主要任务为：依据观测 Agent 来描述各个功能 Agent 下的子 Agent 参与系统协作的动态变迁过程；同时，通过决策 Agent 对各功能 Agent 进行最优组合，实现操作集的最优选择；利用反馈 Agent 来进行经验知识的积累与修正。通信与集成 Agent 主要负责系统的任务分配、管理与协调，保证风险管理系统协调运行以及系统各 Agent 的通信；交互 Agent 主要为了系统外界可以更改、修正功能 Agent 中的数据内容，也可以对其他类型的 Agent 进行更新与完善[1]。

需要说明的是，由于本书研究主题的限制，本节只是对产业技术创新战略联盟风险管理系统的概念模型进行了简要分析，该风险管理系统的许多具体内容，如系统的计算机建模等，还需做进一步的研究。

3.4 本章小结

在本章中，首先从"项目管理视角"对产业技术创新战略联盟风险及其管理的内涵进行了界定。本书中的"产业技术创新战略联盟风险"具体是指，由于产业技术创新战略联盟外部环境的

---

[1] 江继桥、杨乃定、王良：《基于 HWME 的机构投资者集成风险管理系统建模》，《计算机工程与应用》2005 年第 1 期，第 30~32 页。

不确定性、联盟技术创新活动的复杂性和联盟主体能力的有限性及相互间关系的不和谐性,产业技术创新战略联盟运行结果与预期目标出现明显负面偏差的可能性及其后果。产业技术创新战略联盟风险主要表现为以下两种形式:第一,联盟运行低效,未达到联盟成立时所设定的技术创新目标;第二,联盟运行过程中出现不可逆转的严重问题,导致联盟非计划或非正常解体。本书中"产业技术创新战略联盟风险管理"是指,产业技术创新战略联盟风险管理主体首先对产业技术创新战略联盟风险进行识别、衡量和评价,并在此基础上综合运用各种风险管理技术和手段,对产业技术创新战略联盟风险实施有效防范和妥善控制。

其次,通过借鉴一般风险管理过程理论,构建了产业技术创新战略联盟风险管理过程框架。该过程框架包括"联盟风险识别""联盟风险评价""联盟风险防控"三个模块。以上三个模块组成了一个完整的联盟风险管理过程,缺一不可。本书的具体研究也是围绕以上三个模块展开的。

最后,在简要分析产业技术创新战略联盟风险管理系统复杂性的基础上,将钱学森等提出的综合集成方法引入联盟风险管理的相关研究中,构建了"基于综合集成方法的产业技术创新战略联盟风险管理模型",具体包括"产业技术创新战略联盟风险管理的 HWME 模型"和"基于 Multi-Agent 的产业技术创新战略联盟风险管理系统的概念模型"。

本章所构建的"产业技术创新战略联盟风险管理过程框架"和"基于综合集成方法的产业技术创新战略联盟风险管理模型"为本书后续章节的具体研究界定了研究对象及范围,并提供了研究思路。

第 4 章 产业技术创新战略联盟风险识别模型

4.1 产业技术创新战略联盟风险识别的含义和基本原则

4.1.1 产业技术创新战略联盟风险识别的含义

在第 3 章 "产业技术创新战略联盟风险管理框架" 的相应研究中，对 "产业技术创新战略联盟风险识别" 的内涵进行了界定，认为 "产业技术创新战略联盟风险识别" 具体是指，产业技术创新战略联盟风险管理主体通过运用各类风险识别技术和风险识别经验，对产业技术创新战略联盟风险因素进行系统、全面和动态的发掘，并根据一定标准（风险性质、风险发生事件和风险来源等）进行分门别类的过程。产业技术创新战略联盟风险识别是整个产业技术创新战略联盟风险管理过程的第一个环节，其目的在于寻找主要风险因素以及各风险因素之间的相关性并进行归类，为产业技术创新战略联盟风险管理的 "风险评价" 和 "风险防控" 等后续步骤奠定基础。

以上"产业技术创新战略联盟风险识别"的定义具体包括以下几层含义：

（1）产业技术创新战略联盟风险识别的目的在于辨别各类风险和明晰各种风险因素，但辨别各类风险和明晰相应风险因素需要一个过程。这个过程应包括以下环节：查阅资料，分析环境，研究风险主体、风险客体以及它们之间的联系，风险分析人员相互交流，最终确立风险类型和风险影响因素。

（2）产业技术创新战略联盟风险是多种多样的，既有当前的，也有潜在的；既有内部的，也有外部的；既有静态的，也有动态的；等等。鉴于产业技术创新战略联盟风险的以上特征，产业技术创新战略联盟风险识别应从整体视角出发，对可能引发风险的复杂因素进行分解和剖析，以此厘清各影响因素间的本质联系，并从中找出主要风险因素。

（3）由于产业技术创新战略联盟风险识别往往依据的是不完整、不详细的数据，所以联盟风险分析人员不能完全依靠逻辑推理进行相应的风险识别。风险识别一方面可以通过感性认识和历史经验来判断，另一方面也可通过对各种客观的资料和风险事故的记录以及必要的专家访谈来分析、归纳和整理，从而找出各种明显和潜在的风险。

（4）由于风险主体、风险客体和环境因素之间的相互作用方式会随时间的推移而不断变化，所以风险因素也在不断变化。因此，产业技术风险识别应该反复进行。

4.1.2 产业技术创新战略联盟风险识别的基本原则

（1）系统性原则。该原则要求产业技术创新战略联盟风险管理主体在进行联盟风险识别时要将联盟中产、学、研三方视为一个系统，并以联盟这一系统的整体风险最小化为根本目标。产业技术创新战略联盟风险识别时应遵照系统性原则的主要原因在于：若把产业技术创新战略联盟视做一个系统，则产业技术创新战略联盟中产学研每一方都可被看做一个子系统。产业技术创新战略联盟这一系统中各子系统的风险显然是相互关联、相互作用的，并且系统内外的风险也是可以相互传递、相互转换的。因此，在进行产业技术创新战略联盟风险识别时，应该将联盟内各个子系统的特性放到联盟大系统的整体层面去权衡，以联盟整体层面风险最小化来衡量联盟内各个子系统的风险，从而真正识别出联盟技术合作创新的风险因素，将那些局部的细微风险忽略，在宏观层面上把握住产业技术创新战略联盟风险的脉络，有利于联盟风险管理资源合理和经济的使用。

（2）动态性原则。动态性原则是指产业技术创新战略联盟风险管理主体必须以动态的、发展的眼光去识别产业技术创新战略联盟风险的各种风险因素。由于在产业技术创新战略联盟的运行过程中，随着周围环境的不断变化，联盟风险也总是在不断地变化，因此，在产业技术创新战略联盟风险识别过程中，风险识别主体务必以敏锐的眼光、专业的精神去发现不断变化的、不断涌现的风险因素，同时还应对过去已经识别的风险因素进行重新审视，并进行调整，具体就是，对那些过去视做风险因素，但随着形势变化不再成为风险因素的予以剔除；对以前曾被忽视的，而随着形势变化又可能引发风险事件的风险因素予以重视，始终保持风险识别的动态性。

（3）全程性原则。该原则是指产业技术创新战略联盟风险识别活动必须贯穿于从酝酿到解体的产业技术创新战略联盟运行全过程。在联盟酝酿到联盟解体的联盟运行全过程中，必须不断地对运行过程中各阶段所出现的风险因素进行识别，并将风险识别落到实处，而不是仅仅停留在某一阶段或是某一过程上。在产业技术创新战略联盟风险识别时应坚持全程性原则的主要原因在于：产业技术创新战略联盟内的合作创新活动本身是一个牵涉面广、过程复杂、涉及程序多的系统工程。联盟技术合作创新活动的各过程之间既相互独立，又相互联系。上一过程的输出即是下一过程的输入，而下一过程的输出又将成为再下一过程的输入，依此类推，上一过程的风险可能会顺着流程向后传递。在联盟合作创新活动的每一个阶段或过程，风险可能源于不同因素，发生几率也会有较大差异，因此，必须坚持全程性原则，即对联盟运行的每一个过程、每一个阶段进行跟踪，不断地对过程中的风险因素进行动态识别，抓住每一过程的主要风险因素，这将有利于规避风险事件的发生，使联盟运行得到全程的有效监控和管理。

（4）全员性原则。全员性原则是指产业技术创新战略联盟风险识别工作不能仅仅依靠少数的科研人员或管理人员，而必须依靠参与联盟运行的所有人员，包括管理人员、设计人员、科研人员、生产人员、销售人员等。产业技术创新战略联盟风险存在于联盟运行过程中的任何时间、任何地点，如果安排过多的专职风险管理人员来负责此项工作，这样会很不经济，并且专职风险管理人员只能起到风险管理的示范、协调和总结作用，无法替代联盟合作创新活动具体参与人员的风险识别作用。从微观层面上讲，产业技术创新战略联盟的技术创新活动是由具体参与的相关人员来完成的，风险因素就隐藏在一个个具体工作及其周围环境之中。"风险因素的多寡""引发风险事件的几率""可能造成的损失大小"等信息，都是第一线参与人员最先知道的。产业技术创新战略联盟风险管理人员必须充分发挥全员的力量，对藏匿于每一个具体工作中的风险因素逐一加以全面识别。

4.2 基于综合集成方法的产业技术创新战略联盟风险识别模型

4.2.1 产业技术创新战略联盟风险识别研究现状

在产业技术创新战略联盟活动日益频繁的背景下，开展"联盟风险管理问题"特别是"联盟风险识别"问题的相关研究，具有重要的理论意义和实践意义。然而，国内外相关理论研究成果并不丰富，并存在一定的不足。Das T K 和 Bing-sheng Teng 认为战略联盟风险可以划分为关系风险和绩效风险两类。关系风险牵涉伙伴间的合作关系，即伙伴不遵守合作精神的可能性，或伙伴双方无法达到满意的合作所带来的可能结果；绩效风险是指联盟伙伴在精诚合作下仍未达成期望之联盟目标的可能性及结果，该风险主要来源于市场、运营环境等因素。Narayana 研究合作风险时明确指出，联盟中的合作企业所面对的主要风险可分为"知识产权风险""竞争风险""组织风险"三类。张少杰等（2008）将知识联盟风险分为共性风险和特性风险两类。桂萍（2008）从资源、结构和行为三个方面对研发联盟风险进行了识别，并提出 O-RSP 风险源理论。谢科范（1999a）提出了技术创新风险的 58 因素体系，通过问卷调查和实证分析，找出了技术创新的重点风险因素。叶飞、孙东川（2004）基于生命周期理论，对联盟不同生命阶段的外生风险和内生风险进行了提炼和总结。桂黄宝（2007）针对国内外相关研究成果的不足，通过运用定性定量相结合的研究方法，把合作技术创新风险区分为内部风险和外部风险，并具体对合作系统风险、知识产权风险和相互竞争风险等进行了识别，最终提出了合作技术创新内部风险的控制措施。索玮岚等（2008）基于决策试验和评价实验室（DEMATEL）报告中的思想与方法，提出了一种能有效识别合作创新风险因素的新方法，并通过算例对该方法进行了验证。以上研究成果存在两点不足：第一，未认识到联盟风险及其识别问题的复杂性特征，进而未将钱学森等提出的综合集成方法引入联盟风险识别问题的研究中；第二，研究中多以"逻辑推理"等定性分析为主，缺乏定量分析。

鉴于上述研究现状，本节将着重探讨产业技术创新战略联盟风险及其识别问题的复杂性，在此基础上引入"综合集成方法"到"联盟风险识别"这一复杂性问题的相应研究中，进而提出基于综合集成方法的产业技术创新战略联盟风险识别模型，并在接下来的 4.3 节中运用此模型对国内某产业技术创新战略联盟的风险识别进行实例分析。

4.2.2　产业技术创新战略联盟风险及其识别的复杂性分析

产业技术创新战略联盟风险的复杂性体现在：①联盟风险

第4章 产业技术创新战略联盟风险识别模型

的开放性和动态性。任何产业技术创新战略联盟作为一个系统，都与外界有着密切的联系，并随外界变化而不断调整。产业技术创新战略联盟风险作为其组成部分，同样也具有开放性的特征，并随着内外环境的变化而动态变化。②联盟风险性质的复杂性。产业技术创新战略联盟是由产、学、研组成，以产业技术创新为目的的战略联盟。相对于一般的战略联盟，产业技术创新战略联盟运行过程中存在着更多的知识共享、转移和创造。鉴于上述联盟特点，产业技术创新战略联盟风险不仅包括技术创新风险，同时还包括一般战略联盟风险和知识产权风险等。通过检索现有相关研究成果发现，联盟风险可划分为技术风险、市场风险、知识产权风险和合作风险等类型。不同类型的风险往往是交织在一起的，共同构成一个复杂的关系网络；各类风险相互影响，并不容易做出科学、明了的分类。③联盟风险形成机理的复杂性。从形成机理的角度看，联盟风险的形成并不是简单的因果关系，而是具有非线性特征。对某一类型联盟风险而言，其可能是由多种诱因所导致的；而某一个复杂的诱因，可能对多种类型的联盟风险的形成起到诱导作用。

由于产业技术创新战略联盟风险"复杂性"的存在，"产业技术创新战略联盟风险识别"成为一个较为复杂的风险管理问题。产业技术创新战略联盟风险识别是一个动态的复杂过程，涉及多个识别主体和多种识别方法，并且贯穿于联盟生命周期的各个阶段。因此，在进行产业技术创新战略联盟风险识别时，本章尝试运用"综合集成方法"对这一复杂的风险管理问题进行研究。

4.2.3 联盟风险识别模型的具体构建与分析

产业技术创新战略联盟风险具有复杂性特征，在进行产业技术创新战略联盟风险识别时，需要能与其复杂性相适应的复杂性处理模式。雷永认为，"综合集成方法"是现在唯一能有效处理开放的复杂巨系统问题的方法[1]。

1990年，钱学森、于景元和戴汝为等首次把处理开放的复杂巨系统的方法定名为从定性到定量的综合集成方法[2]。综合集成方法采取的是人机结合、人网结合、以人为主的技术路线，实现信息、知识和智慧的综合集成，具体实践时通常有三个步骤，即"定性综合集成""定性定量相结合综合集成""从定性到定量综合集成"。"综合集成方法"的核心不在于强调通常意义下的定性与定量相结合的具体方法（这些具体方法在不同学科中是可以大不相同的），而在于强调"整体论与还原论相结合"和"定性与定量相结合"，强调系统的认识方式和研究方式。综上所述，对于处理"产业技术创新战略联盟风险识别"这样一个复杂问题，综合集成方法是一个比较理想的选择。

根据以上分析，本书构建了基于综合集成方法的产业技术创新战略联盟风险识别模型，如图4-1所示。

正如图4-1所示，基于综合集成方法的产业技术创新战

---

[1] Hazlett J. A., Carayannis, E. G., "Business-University Virtual Teaming for Strategic Planning," *Technological Forecasting and Social Change*, 1998, 57 (3): 261–265.

[2] 钱学森、于景元、戴汝为：《一个科学新领域——开放的复杂巨系统及其方法论》，《自然杂志》1990年第13卷第1期，第3~10页。

略联盟风险识别模型包括三个逐渐深入的层次。

（1）定性综合集成。产业技术创新战略联盟风险识别一般会涉及"技术创新""战略联盟""风险管理"三个学科领域的理论知识。在进行联盟风险识别时应邀请来自这三个学科领域的若干名专家组成具有研究联盟风险识别所需要的合理知识结构的专家团队。通过将专家团队内各专家的知识、经验以及智慧进行综合集成，就可以从不同的角度去进行联盟风险识别，从而获得比单个专家更全面的认识，实现产业技术创新战略联盟风险识别的定性综合集成。通过定性综合集成，可以形成专家团队对于产业技术创新战略联盟风险问题的经验性判断。这种"经验性判断"的本质是对产业技术创新战略联盟风险问题的一种定性描述。

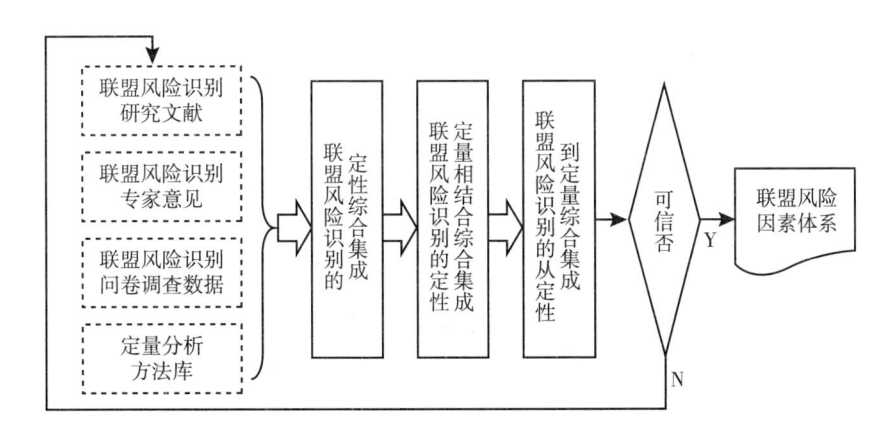

图 4-1　基于综合集成方法的产业技术创新战略联盟风险识别模型

（2）定性定量相结合综合集成。上一步"定性综合集成"的结果只是"技术创新""战略联盟""风险管理"三个学科领域专家所达成的一种共识，这种共识往往是一种正确性不能保证的经验性判断。为此，我们还需在此基础上，进一步搜集有关资料和数据，综合集成各类定量分析方法并建立模型，对先前的经验性判断进行系统模拟实验和定量分析，从而得到对先前的经验性判断的一种定量描述。

（3）从定性到定量综合集成。"从定性到定量综合集成"的核心在于将"定性综合集成"所得到的定性描述与上一步所得到的定量描述进行综合集成，以便专家团队根据"定量描述"，对定性描述中的"经验性判断"的真伪进行验证。如果专家团队能根据定量描述做出"先前经验性判断是正确的"这样一个结论，就算完成了"从定性到定量的综合集成"。如果不能得到上述结论，就需要调整模型及参数或者进行一些其他改进，再重复上述综合集成过程，通过人机交互、反复对比，逐次逼近，直到专家团队能根据"定量描述"做出"先前经验性判断是正确的"这样一个结论，这才算完成"从定性到定量综合集成"。

4.3 产业技术创新战略联盟风险识别模型应用实例分析

在4.2节中，通过理论研究构建了"基于综合集成方法的产业技术创新战略联盟风险识别模型"。在本节中，将运用以上"识别模型"对国内某产业技术创新战略联盟的风险识别进行实例分析。本实例分析的主要目的在于，对国内某产业技术创新战略联盟所面临的风险因素进行识别，进而提出该产业技术创新战略联盟的风险因素体系，同时验证以上"识别模型"的合理性。

4.3.1 案例背景介绍

本节将以我国某新能源产业技术创新战略联盟（简称"A产业技术创新战略联盟"）为例进行实例分析。A产业技术创新战略联盟是于2009年10月，在科技部、财政部、教育部、国务院国资委、中华全国总工会、国家开发银行六部委的共同推动下，由30家国内知名的产、学、研机构共同发起成立的，联盟成员中不乏该新能源产业的领军企业、大学和科研院所。A产业技术创新战略联盟下设理事会、专家委员会、战略研究组、项目管理中心、秘书处等运行机构。截至2011年年底，A产业技术创新战略联盟成员已近80家，形成了比较完整的产业技术创新链，具有雄厚的技术开发与成果转化能力。这条产业技术创新链包括该新兴产业所涉及的关键原材料生产企业、重大装备制造企业、相关学科领域的国内知名院所，10个国家重点实验室和国家工程技术中心，2个中国科学院和教育部重点实验室，2个"863"成果转化基地。在科技部等相关部委的领导和支持下，A产业技术创新战略联盟在产业技术创新、商业化进程、检测方法、检测平台、标准制定、国际交流与合作等方面取得了全面进展。

A产业技术创新战略联盟同其他产业技术创新战略联盟一样，也存在着诸如"外部经济、政策环境不确定""产业技术不成熟""成员主体多样""成员地域分布广阔""信息不对称"等问题。因此，A产业技术创新战略联盟在其运行过程中，必然会面临本书中所提到的"产业技术创新战略联盟风险"。鉴于此，本节将运用4.2节所构建的"基于综合集成方法的产业技术创新战略联盟风险识别模型"对 A 产业技术创新战略联盟所面临的风险因素进行识别，同时也检验以上"识别模型"的合理性。

根据图 4-1 所示模型，A 产业技术创新战略联盟风险识别的实例分析应包括"定性综合集成""定性定量相结合综合集成""从定性到定量综合集成"三个逐渐深入的层次。接下来，本书将对以上三个层次进行具体分析。

4.3.2 联盟风险识别的定性综合集成

A 产业技术创新战略联盟风险识别的"定性综合集成"通过两个阶段来完成，具体为：联盟高层管理人员开放式问卷调查阶段和专家团队"头脑风暴"阶段。

（1）联盟高层管理人员开放式问卷调查阶段。

本阶段首先根据调查需要，设计了一个产业技术创新战略联盟风险因素开放式调查问卷，具体参见附录 A。然后使用该调查问卷对 A 产业技术创新战略联盟各成员单位的相关高层管理人员进行问卷调查，具体做法就是，让每个被调查者根据自己的专业知识和经验对 A 产业技术创新战略联盟所面临的风险因素进行归纳和总结，并在调查问卷上一一罗列出来。本次问卷调查共发放调查问卷 100 份，回收有效问卷 67 份。通过对这 67 份问卷进行汇总分析，得到了一个由 49 个具体风险因素构成的联盟风险因素体系，具体有"自然灾害""联盟成员文化冲突""知识泄露"等。以上所得到的联盟风险因素体系，是对 A 产业技术创新战略联盟各成员单位高层管理人员调查意见进行综合集成的结果。通过分析发现，该风险因素体系存在"变量描述不规范"和"变量间存在重叠和交叉"等问题。因此,该"风险因素体系"还需送交专家团队通过"头脑风暴"的形式作进一步的讨论和整理。

(2)专家团队"头脑风暴"阶段。

本阶段首先是从国内某知名大学和 A 产业技术创新战略联盟邀请 6 位来自"技术创新管理""战略联盟管理""风险管理"等学科领域的专家学者组成专家团队。该专家团队运用自身丰富的理论知识和管理实践经验,对上一阶段所得到的产业技术创新战略联盟风险因素体系通过"头脑风暴"的方式进行讨论和整理,最终提出一个包括"产业政策变化""市场需求变化""机会主义行为"等 24 个变量的联盟风险因素体系,如表 4-1 所示。

表 4-1 产业技术创新战略联盟风险因素

X_1	灾害、战争	X_9	联盟技术能力不足	X_{17}	成员间信任缺乏
X_2	经济危机	X_{10}	联盟管理能力不足	X_{18}	机会主义行为
X_3	产业政策变化	X_{11}	研发经费短缺	X_{19}	利益分配不公平
X_4	市场需求变化	X_{12}	研发成本超支	X_{20}	知识泄露
X_5	市场竞争激烈	X_{13}	成员文化不兼容	X_{21}	知识被盗用、模仿
X_6	市场进入时机不佳	X_{14}	成员目标不兼容	X_{22}	知识输出方自我保护
X_7	技术成熟度不足	X_{15}	成员管理不兼容	X_{23}	知识接收方虚假接受
X_8	技术先进性不足	X_{16}	成员技术不兼容	X_{24}	知识破损

借鉴 Das T. K. 和 Bing-sheng Teng 的经典研究成果,并结合"产业技术创新战略联盟相对于一般战略联盟更加注重知识共享、转移和创新"这样一个特征,专家团队认为以上 24 个变量可以归纳为"绩效风险""关系风险""知识产权风险"三类,

其中绩效风险和关系风险为战略联盟的共性风险，知识产权风险为本书所研究的产业技术创新战略联盟不同于一般战略联盟的特性风险。

4.3.3 联盟风险识别的定性定量相结合综合集成

表4-1为定性综合集成的结果，这只是A产业技术创新战略联盟各成员单位的高层管理人员和相关学科领域专家就"A产业技术创新战略联盟风险因素识别问题"所达成的一种共识。这种共识是一种正确性不能保证的经验性判断。为此，还需在"定性综合集成"的基础上，进行"定性定量相结合综合集成"。本书的"定性定量相结合综合集成"，具体就是通过一定的数学模型，对A产业技术创新战略联盟风险因素识别问题进行定量分析，增强对问题的定量认识，为A产业技术创新战略联盟的风险识别增加新的判断信息。

本小节中"定性定量相结合综合集成"的基本思路是：首先，根据上一步"定性综合集成"结果建立定量分析指标体系，并设计调查问卷；其次，进行问卷调查，搜集定量分析所需的数据；最后，运用"因子分析"等方法对所搜集到的数据进行定量分析，进而得到对于产业技术创新战略联盟风险因素识别问题的定量描述。

(1) 调查问卷设计与数据采集。

本节研究根据表4-1内容设计了"产业技术创新战略联盟风险因素赞同度调查表"（详见附录B），并进行了问卷调查。调查对象为A产业技术创新战略联盟各成员单位的中层管理人员，他们具有丰富的工作经验和一定的理论知识。调查中，要求被调查人员就调查表中所列出的联盟风险因素的赞同程度做出评价，具体采用 Likert 量表计分法，即对"很赞同、赞同、基本赞同、不确定、不赞同"这 5 种评价，依次记为 5 分、4 分、3 分、2 分、1 分。本节研究通过实地访谈和电子邮件两种方式进行问卷调查，共计发放问卷 400 份，实际回收 273 份，其中 56 份因未完整填写或填写内容完全相同被视为无效问卷，最后余下 217 份为有效问卷，问卷有效回收率为 54.25%。因子分析的样本量要求为样本量与变量数的比例应在 5∶1 以上，总样本量不得少于 100，而且原则上越大越好。本调查的样本数量为 217，样本变量比超过 9，完全符合"因子分析"要求。

（2）定量分析。

A 产业技术创新战略联盟风险因素的定量分析分为两个部分："风险因素赞同度评分的平均值、方差计算"和"风险因素的因子分析"。

①风险因素赞同度评分的平均值、方差计算。

根据问卷调查结果，可以计算 A 产业技术创新战略联盟各风险因素赞同度评分的平均值和方差，具体结果如表 4 - 2 所示。

表 4 - 2　产业技术创新战略联盟风险因素赞同度评分的平均值和方差

风险因素	平均值	方差	风险因素	平均值	方差
灾害、战争	4.56	0.11	成员文化不兼容	4.53	0.11
经济危机	4.67	0.16	成员目标不兼容	4.58	0.12
产业政策变化	4.85	0.13	成员管理不兼容	4.56	0.09
市场需求变化	4.28	0.09	成员技术不兼容	4.53	0.12
市场竞争激烈	3.99	0.18	成员间信任缺乏	4.66	0.19

续表

风险因素	平均值	方差	风险因素	平均值	方差
市场进入时机不佳	4.32	0.15	机会主义行为	4.62	0.09
技术成熟度不足	4.58	0.14	利益分配不公平	4.61	0.14
技术先进性不足	4.67	0.06	知识泄露	4.92	0.16
联盟技术能力不足	4.88	0.12	知识被盗用、模仿	4.36	0.12
联盟管理能力不足	4.86	0.14	知识输出方自我保护	4.64	0.11
研发经费短缺	4.73	0.16	知识接收方虚假接受	3.86	0.15
研发成本超支	4.81	0.19	知识破损	4.82	0.08

依据表4-2中的数据不难发现：A产业技术创新战略联盟各风险因素得分的平均值介于3.86~4.92，并且绝大部分风险因素得分平均值都在4.5以上，这说明所有风险因素至少得到了被调查人员"基本赞同"的评价，绝大部分因素是"赞同"并接近"很赞同"；同时所有因素的方差都小于0.2，这说明被调查人员对于联盟风险因素的评价比较趋于一致。以上"风险因素赞同度评分的平均值和方差"的计算结果，验证了"定性综合集成"中专家团队对于联盟风险因素构成的判断。接下来，将基于以上调查数据，进行因子分析，找出公共因子，进而对24个风险因素进行合理归类，以便验证"定性综合集成"中专家团队对于联盟风险因素分类的判断。

需要说明的是，尽管以上问卷调查数据反映的是被调查者对于各风险因素的赞同度，但由于这种"赞同度"决定于被调查者对于"各风险因素与联盟风险整体水平关联程度"的认识，所以以上问卷调查数据也间接反映了被调查者对于"各风险因素与联盟风险整体水平的关联程度"的评价。

②风险因素的因子分析。

根据常识不难发现，以上的"灾害、战争"等24个风险因素之间存在着一定的相关性，如"灾害、战争"往往会引发"经济危机"，而"经济危机"的爆发往往又会引起"产业政策变化"。因此，我们还应根据问卷调查结果对联盟风险因素进行"因子分析"，以便找出其中的公共因子，进而对联盟风险因素进行合理的归类。本节研究将采用 SPSS 17.0 进行因子分析，具体分析过程如下：

a. 因子分析的适宜性检验。

根据因子分析的相关理论，并非所有指标都适宜进行因子分析。所以，本书中因子分析的第一步就是对联盟风险指标进行因子分析的适宜性检验，具体采用"KMO（Kaiser-Meyer-Olkin）统计量"和"Bartlett's 球型检验"（Barlett Test of Sphericity）。

KMO 检验统计量是用于比较变量间简单相关系数和偏相关系数的指标。KMO 统计量取值介于 0~1。KMO 统计量的具体数值决定于全部变量间"偏相关系数平方和"与"简单相关系数平方和"两个平方和的差距。如果前者远远小于后者，则 KMO 值接近 1，这表明原有全部变量非常适宜作因子分析；如果前者和后者非常接近，则 KMO 值接近 0，这表明原有全部变量非常不适宜作因子分析。Kaiser 给出了更为具体的判断标准：当 KMO 大于 0.9 时效果佳，0.8~0.9 时效果好，0.7~0.8 时效果一般，0.5~0.6 时效果差，0.5 以下不适合作主成分分析。

Bartlett's 球型检验的主要目的在于通过检验相关矩阵是否为单位矩阵，从而判断各变量间是否相互独立。该检验以变量相关系数矩阵为出发点，先做出"该相关矩阵为单位矩阵"的零假设，然后根据 Bartlett's 球型检验统计量值大小决定是否拒绝零假设。如果 Bartlett's 球型检验统计量值较大，并且对应的 sig. 值小于给定的显著性水平（通常设定为 0.01），则应该拒绝零假设，这说明各变量并不独立，因此适宜作因子分析。

本节研究运用 KMO 统计量和 Bartlett's 球型检验对 24 个变量进行因子分析适宜性检验，检验结果如表 4-3 所示。根据表 4-3 中数据可知，KMO 统计量为 0.814，Bartlett's 球型检验统计量值为 996.412，显著性概率为 0.001，此结果表明相应变量适合进行因子分析。

表 4-3　产业技术创新战略联盟风险因素的 KMO、Bartlett's 检验

KMO Test		0.814
Bartlett's Test	Approx Chi-Square	996.412
	df	8
	sig.	0.001

b. 计算相关矩阵 R 的特征值 λ_i、方差贡献率并提取公共因子。

本节研究所采用的"公共因子提取方法"为主成分分析法，并将"累计贡献率大于 95%"作为提取公共因子的基本原则。分析结果如表 4-4 和表 4-5 所示。由表 4-4 可知，公共因子有 6 个，其方差累积贡献率已达 95.198%，而且这 6 个公共因子相互独立，克服了指标相关性的影响，所以只要选择前 6 个公共因子，其所代表的信息量已能比较充分地解释对象并提供原始数据所能表达的信息。此外，由表 4-5 可以观察到，各观测变量的共同度在 0.904~0.976，说明各观测变

量均能被这6个公共因子所解释，所以，选择这6个公共因子的信息已能比较充分地反映和代表样本的基本情况。

表4-4　因子旋转结果

Component	Rotation Sums of Squared Loading	
	% of Variance	Cumulative %
1	26.356	26.356
2	24.932	51.288
3	16.922	68.21
4	11.189	27.399
5	10.562	89.961
6	5.237	95.198

表4-5　观测变量共同度

变量 X_i	Reg. Communality	变量 X_i	Reg. Communality
X_1	0.968	X_{13}	0.921
X_2	0.959	X_{14}	0.933
X_3	0.906	X_{15}	0.941
X_4	0.976	X_{16}	0.920
X_5	0.904	X_{17}	0.909
X_6	0.929	X_{18}	0.934
X_7	0.911	X_{19}	0.937
X_8	0.923	X_{20}	0.951
X_9	0.946	X_{21}	0.922
X_{10}	0.932	X_{22}	0.939
X_{11}	0.955	X_{23}	0.928
X_{12}	0.936	X_{24}	0.952

c. 求因子荷载矩阵，确定公共因子含义。

因子分析的最后一步就是，求因子荷载矩阵，并确定公共因子的具体含义。

在求得因子载荷矩阵之后，就应辨别矩阵结构是否简单。如果矩阵结构不够简单，则容易使公共因子的意义模糊，不便于对公共因子进行解释[①]，在这种情况下，就应对矩阵进行旋转，向0和1两个方向分化矩阵中的因子荷载平方值，从而让变量在各个公共因子上的荷载出现明显差异。最大方差旋转法（Varimax）是对矩阵进行旋转最常见的方法。

由于本书初步得到的因子载荷矩阵结构不够简单，所以首先采用最大方差旋转法对因子载荷矩阵进行了旋转处理，处理后的结果如表4-6所示。

表4-6 因子载荷矩阵

变量	公共因子(F)					
	F_1	F_2	F_3	F_4	F_5	F_6
X_1	0.892	0.211	0.014	0.208	0.059	0.029
X_2	0.921	0.154	0.006	0.224	0.118	0.182
X_3	0.909	0.335	0.045	0.099	0.198	0.056
X_4	0.287	0.913	0.223	0.112	0.186	0.086
X_5	0.239	0.931	0.189	0.341	0.218	0.087
X_6	0.134	0.889	0.203	0.156	0.021	0.186
X_7	0.028	0.308	0.902	0.236	0.132	0.077
X_8	0.106	0.185	0.911	0.164	0.092	0.248
X_9	0.153	0.201	0.936	0.303	0.326	0.123
X_{10}	0.086	0.182	0.113	0.913	0.299	0.168
X_{11}	0.211	0.199	0.254	0.883	0.401	0.214
X_{12}	0.186	0.323	0.216	0.925	0.335	0.146

---

① Stefanowski J., Wilk S., "Evaluating Business Credit Risk by Means of Approach-integrating Decision Rules and Case-based Learning," *International Journal of Intelligent Systems in Accounting, Finance & Management*, 10 (2): 97-114.

第4章　产业技术创新战略联盟风险识别模型

续表

变量	公共因子(F)					
	F_1	F_2	F_3	F_4	F_5	F_6
X_{13}	0.045	0.153	0.204	0.297	0.898	0.302
X_{14}	0.101	0.167	0.237	0.301	0.902	0.218
X_{15}	0.164	0.098	0.199	0.485	0.886	0.133
X_{16}	0.121	0.132	0.207	0.213	0.902	0.129
X_{17}	0.086	0.153	0.217	0.124	0.932	0.096
X_{18}	0.136	0.222	0.147	0.088	0.928	0.209
X_{19}	0.241	0.118	0.163	0.288	0.916	0.357
X_{20}	0.232	0.195	0.066	0.186	0.431	0.878
X_{21}	0.218	0.079	0.164	0.249	0.308	0.931
X_{22}	0.195	0.024	0.253	0.147	0.334	0.929
X_{23}	0.278	0.235	0.156	0.249	0.198	0.843
X_{24}	0.234	0.181	0.069	0.088	0.271	0.935

对表4-6中结果进行分析后，可以得出如下结论：

第一，公共因子F_1在风险因素$X_1 \sim X_3$上有较高的载荷，其载荷均在0.9左右。据此我们可以认为公共因子F_1能够反映产业技术创新战略联盟所处宏观环境对于联盟风险的影响，我们将其定义为产业技术创新战略联盟风险的"宏观环境"因子。

第二，公共因子F_2在风险因素$X_4 \sim X_6$上有较高的载荷，其载荷均大于0.9。据此我们可以认为公共因子F_2能够反映产业技术创新战略联盟所处市场环境对于联盟风险的影响，并将其定义为产业技术创新战略联盟风险的"市场"因子。

第三，公共因子F_3在风险因素$X_7 \sim X_9$上有较高的载荷，其载荷均在0.9左右。据此我们可以认为公共因子F_3能够反映产业技术创新战略联盟技术方面对于联盟风险的影响，并将其定义为产业技术创新战略联盟风险的"技术"因子。

第四，公共因子 F_4 在风险因素 $X_{10} \sim X_{12}$ 上有较高的载荷，其载荷均在0.9左右。据此我们可以认为公共因子 F_4 能够反映产业技术创新战略联盟组织管理方面对于联盟风险的影响，并将其定义为产业技术创新战略联盟风险的"组织管理"因子。

第五，公共因子 F_5 在风险因素 $X_{13} \sim X_{19}$ 上有较高的载荷，其载荷均在0.9左右。据此我们可以认为公共因子 F_5 能够反映产业技术创新战略联盟合作关系方面对于联盟风险的影响，并将其定义为产业技术创新战略联盟风险的"合作关系"因子。

第六，公共因子 F_6 在风险因素 $X_{20} \sim X_{24}$ 上有较高的载荷，其载荷均在0.9左右。据此我们可以认为公共因子 F_6 能够反映产业技术创新战略联盟知识产权方面对于联盟风险的影响，并将其定义为产业技术创新战略联盟风险的"知识产权"因子。

综合以上结论不难发现，产业技术创新战略联盟风险的24个风险因素（$X_1 \sim X_{24}$）可以归纳为"宏观环境""市场""技术""组织管理""合作关系""知识产权"六个类型。以上定量分析结果从表面上看似乎与前面"定性综合集成"所得到的"专家团队对于风险因素分类的经验判断"不一致，但从本质上讲是基本一致的。因为按照美国学者 Das T. K. 和 Bing-sheng Teng 的观点，绩效风险是指联盟成员在充分合作的情况下，战略联盟仍无法实现预期目标的可能性及后果，绩效风险来自于各种各样的因素，包括环境因素（政府政策的变化、战争和经济衰退等)、市场因素(激烈的竞争和需求的波动等)、内在因素(联盟技术能力与管理能力的缺乏和纯粹的坏运气等),也就是说,绩效风险可以进一步细分为"宏观环境""市场""技术""组织管理"等类别。

以上因子分析结果,基本验证了"定性综合集成"中专家团队对于风险因素类型的判断。

4.3.4　联盟风险识别的从定性到定量综合集成

在进行联盟风险综合集成识别的"从定性到定量综合集成"时,专家团队会将第一步所得到的定性描述和第二步所得到的定量描述进行综合集成。如果专家团队能根据定量分析结果做出"先前经验性判断是正确的"这样一个结论,就算完成了从定性到定量综合集成。如果不能得到上述结论,就需要调整模型及参数或者进行一些其他改进,再重复上述综合集成过程,通过人机交互、反复对比,逐次逼近,直到专家团队能根据定量描述做出"先前经验性判断是正确的"这样一个结论,这才算完成了从定性到定量综合集成。

具体到本实证分析的"从定性到定量综合集成识别",由于定量分析结果基本印证了专家团队对于联盟风险因素构成及其分类的经验性判断,所以,专家团队可以得出"先前经验性判断是正确的"这一结论,因此,无须重复定性综合集成过程。到此,A产业技术创新战略联盟风险综合集成识别的整个过程结束,可以得出最终的A产业技术创新战略联盟风险综合集成识别结果,即产业技术创新战略联盟风险因素体系,如图4-2所示。其中"绩效类"风险因素还可进一步细分为"宏观环境类""市场类""技术类""组织管理类"风险因素。

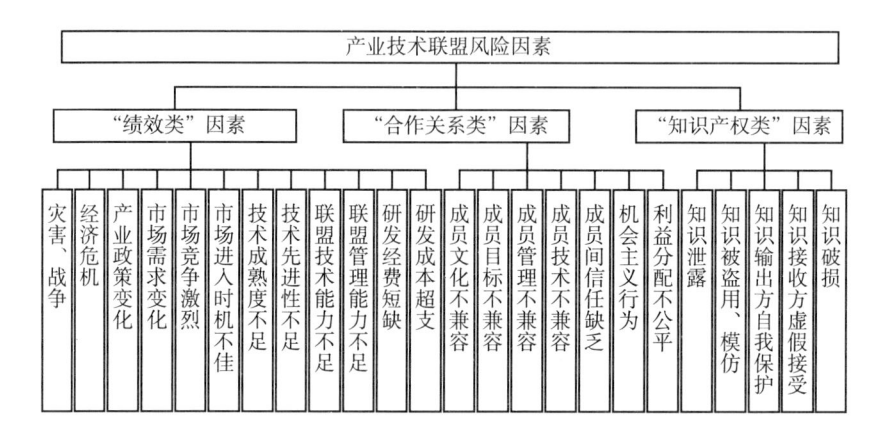

图 4-2 产业技术创新战略联盟风险因素体系

4.4 本章小结

在本章中,首先探讨了"产业技术创新战略联盟风险识别"的含义和基本原则,认为"产业技术创新战略联盟风险识别"是指产业技术创新战略联盟风险管理主体通过运用各类风险识别技术和风险识别经验,对产业技术创新战略联盟风险因素进行系统、全面和动态的发掘,并根据一定标准(风险性质、风险发生事件和风险来源等)进行分门别类的过程。产业技术创新战略联盟风险识别时应坚持"系统性""动态性""全员性""全程性"四个原则。

其次,在分析产业技术创新战略联盟风险及其识别行为复杂性的基础上,通过在相应研究中引入"综合集成方法",构建了"基于综合集成方法的产业技术创新战略联盟风险识别模型";该模型由"定性综合集成""定性定量相结合综合集成""从定性到定量综合集成"三个逐渐深入的层次组成,有效地克服了过往研究中存在的不足。

最后,运用以上综合集成识别模型,对国内某新能源产业技术创新战略联盟(简称 A 产业技术创新战略联盟)的风险识别进行了实例分析,得出了 A 产业技术创新战略联盟的风险因素体系,该风险因素体系分为"绩效""合作关系""知识产权"三类,具体包括"产业政策变化""市场需求变化""机会主义行为"等 24 个风险因素。通过以上实例分析,同时也验证了该综合集成识别模型的合理性。

第 5 章　产业技术创新战略联盟风险评价模型

5.1　产业技术创新战略联盟风险评价问题研究现状

2008年12月，科技部等国家六部委联合下发了《关于推动产业技术创新战略联盟构建的指导意见》，该意见明确指出了产业技术创新战略联盟的定义。根据以上定义不难发现，产业技术创新战略联盟从本质上讲是一种契约型R&D战略联盟。由于"市场需求变化""组织、文化差异""成员机会主义行为"等因素的存在，产业技术创新战略联盟通常面临较大风险。美国McKensey的调查数据印证了联盟风险的普遍存在。在产业技术创新战略联盟合作创新活动广泛开展的今天，其风险管理问题特别是风险评价问题理应得到足够的重视。

从国内外风险评价方法的发展趋势看，由多种评价方法有机集成的综合评价方法将成为主流。目前，综合评价方法主要有RFB综合评测法、模糊综合评价法、数据包络分析和人工神经网络方法等。由于产业技术创新战略联盟风险评价问题具有模糊性，所以，相关研究中常采用模糊综合评价法，如张春勋（2007）、杨丽娟（2007）和刘荣（2009）。以上文献虽做了一些有益探索，但存在如下缺陷：第一，研究中未考虑到联盟风险评价过程中存在的灰色性。产业技术创新战略联盟是2007年才出现的新生事物，这一客观事实导致联盟风险评价过程中难以获得足够多的资料和信息，即风险评价具有灰色性。鉴于产业技术创新战略联盟风险评价过程兼具模糊性和灰色性，这就需要在研究中同时考虑模糊性和灰色性的双重影响，运用灰色模糊综合评价方法[①]解决相关问题。第二，研究中通常采用德尔菲法和层次分析法等主观赋权方法确定权重，未将主、客观赋权方法有机集成。面对单一赋权方法的不足，将主、客观赋权方法进行有机集成，可以在吸收两类方法优点的同时，有效克服两类方法各自的缺陷，实现二者的互补，得到更能准确反映客观事实的评价结果[②]。

5.2 产业技术创新战略联盟风险评价方法和思路

在通常的风险管理流程中，风险评价就是在风险识别的基础上，确定风险水平。风险评价也可称为风险量化、风险估计或者风险分析。

一般来讲，通过风险评价主要解决两个问题：第一，风险事件发生的可能性的大小；第二，风险事件发生所导致后果的

[①] 朱鹏飞、尚玉莲、张雪婷：《基于广义三角模的灰色模糊综合评判》，《山东理工大学学报》（自然科学版）2004年第18卷第3期，第72~75页。

[②] 钟嘉鸣、李订：《粗糙集与层次分析法集成的综合评价模型》，《武汉大学学报》（工学版）2008年第41期，第126~130页。

严重程度。

风险评价一般包括以下四个步骤：首先，根据风险识别的结果，运用一种或多种风险评价方法，构建起合适的数学模型。其次，通过问卷调查、历史记录、公开数据库等，获得所需的信息；对于其中的定性信息，还应选择合适的数学方法进行量化处理。再次，利用第一步构建的模型对第二步所得到的数据进行分析处理，得出风险评价结果；在某些情况下，也可视具体情况对模型进行修正。最后，根据一定的评判标准，对上一步得出的评价结果进行评判，从而得出风险总体状况和主要风险因素，为后续风险防控提供依据。

5.2.1 一般风险评价方法综述

迄今为止，国内外理论界已形成多种风险评估的理论与方法。这些风险评估理论与方法主要分为三类：以数理理论为基础的方法，如层次分析法、模糊综合评价法和灰色系统理论等；以统计分析为主的方法，如主成分分析法、信息熵理论评价；以计算机模拟为主的方法，如人工神经网络评价法等。但综合现有"风险评估"相关研究文献发现，目前较为常用的风险评价方法主要有以下几种：

（1）层次分析法。

美国运筹学家托马斯·塞蒂（T. L. Saaty）于20世纪70年代中期正式提出了层次分析法（The Analytic Hierarchy Process，AHP）。层次分析法作为一种分析方法，具有"定性定量相结合""层次化""系统化"等特征。该方法在经济管理、军事和教育等诸多领域得到了广泛应用。层次分析法之所以能在较短的时间内，在诸多领域得到世界范围内的重视，主要原因在于其处理复杂决策问题的实用性和有效性。

应用"层次分析法"解决实际问题一般包括四步，具体为：

步骤一，问题相关因素的层次化处理。基于对相关问题的系统和深入分析，可将问题所涉及的因素分解成若干层次。分解所得到的若干层次，构成一个具有内在逻辑的层次体系。在该层次体系中，某一层次要素既被上一层次要素所支配，也支配着下一层次的其他要素。层次体系一般呈"金字塔"结构，处于体系最高层的要素是分析问题的目标，通常只有一个，被称为目标层；处于体系最底层的要素通常是解决问题的备选方案，我们称其为方案层。层次体系中除最高层和最底层以外的其他层次，我们称它们为准则层。准则层因为所解决问题的不同，有可能会分为多个层次，这些层次中下一层次准则层可被视为上一层次准则层的子准则层。

步骤二，同层次要素判断矩阵的构造。通过上一步层次结构模型的建立，就可以确定上下层次之间元素的隶属关系，然后根据这种隶属关系构造出判断矩阵。假定有 n 个元素 B_{i1}，$B_{i2}, \cdots, B_{in}$ 隶属其上一层次的元素 B_i，与这 n 个元素相应的 n 个评价因子 $f_1, f_2, \cdots, f_n$ 的取值分别为 $m_1, m_2, \cdots, m_n$，并假定 $m_1, m_2, \cdots, m_n$ 已做归一化处理，则在以上假定的基础上构造 n 个评价因子的判断矩阵 $\boldsymbol{A} = (a_{ij})_{n \times n}$，其中，$a_{ij}$ 表示元素之间两两比较的相对值。

步骤三，评价指标权重向量计算。评价指标权重向量计算实际上又包括"各判断矩阵特征根及特征向量计算"和"一致性检验"两个环节。一致性检验主要依赖于一致性指标、随机一致性指标和一致性比率。计算所得特征向量能被作为权重向量的前提是一致性检验通过。如果一致性检验未通过,则特征向量不能作为权重向量,在这种情况下必须重新构造判断矩阵。

步骤四,组合权重向量计算及一致性检验。计算最下层对目标的组合权重向量,并根据公式作组合一致性检验。若检验通过,则可按照组合权重向量表示的结果进行决策,否则需要重新考虑模型或重新构造那些一致性比率较大的成对比较矩阵。

层次分析法是一种多准则决策方法。该方法提供了一种将问题条理化、层次化的思维模式,常与其他方法结合使用。迄今为止,国内外有不少文献将层次分析法应用于具体项目的风险分析,如信贷风险、企业购并风险、企业多种经营风险、工程成本风险、技术风险、高新技术项目投资风险等。

(2) 模糊综合评价法。

模糊综合评价法的理论基础是模糊数学。美国知名的控制论学者查德(LA. Zadeh)根据科学技术发展的现实需要,经过多年的研究,于1965年发表了一篇题为《模糊集合》(Fuzzy Sets)的重要论文。在这篇论文中,查德第一次成功运用精确的数学方法描述了模糊概念,从而在精确的经典数学与充满模糊性的现实世界之间搭起了一座桥梁。这篇论文也宣告了模糊数学的诞生,从此模糊现象进入人类科学研究的领域。

在模糊数学的基础上,相应产生了模糊综合评价法。模糊综合评价法的核心在于通过运用"模糊数学"中的"隶属度理论"对所分析问题的模糊性进行量化处理,进而实现对问题的定量分析。

模糊综合评价法进行风险评价的基本原理:首先,确定被评判风险的因素(指标)集 $U = (X_1, X_2, \cdots, X_n)$ 和评价集 $V = (V_1, V_2, \cdots, V_n)$,其中 X_i 为各单项指标,V_i 为对 X_i 的评价等级层次,一般可分为五个等级(大、较大、一般、较小、小),并对五个等级进行量化,量化的具体数值视评价对象具体情况而定。其次,通过一定的数学方法,确定各个因素的权重及它们的隶属度向量,获得模糊评判矩阵。再次,把模糊评判矩阵与因素的权重集进行模糊运算并进行归一化,得到模糊评价综合结果。最后,根据模糊综合评价结果,对被评价风险严重程度进行评判,确定风险等级。

(3)蒙特卡罗方法。

蒙特卡罗方法又称统计模拟法、随机抽样技术,是一种随机模拟方法,是以概率和统计理论方法为基础的一种计算方法,是使用随机数(或更常见的伪随机数)来解决很多计算问题的方法。该方法运用一定概率模型近似描述所求解问题,并在此基础上通过运用计算机进行统计模拟或抽样,从而求解问题。为象征性地表明这一方法的概率统计特征,故借用赌城蒙特卡罗命名。与该方法相对应的是确定性算法。蒙特卡罗方法在金融工程学、宏观经济学、计算物理学(如粒子输运计算、量子热力学计算、空气动力学计算)等领域应用广泛,同时该方法也作为一种主要的分析评估工具,运用于金融风险、疾病传播风险和资源勘探风险等各类型风险的评估。

蒙特卡罗方法的基本思想是:当所求解问题是某种随机事

件出现的概率，或者是某个随机变量的期望值时，通过某种"实验"的方法，以这种事件出现的频率估计这一随机事件的概率，或者得到这个随机变量的某些数字特征，并将其作为问题的解。

蒙特卡罗方法的解题过程可以归结为三个主要步骤：构造或描述概率过程，实现从已知概率分布抽样，建立各种估计量。

5.2.2 联盟风险评价方法和思路的确定

通过以上对风险评价方法的综述和分析不难看出，每一种风险评价方法都有其自身的优缺点以及适用范围。在进行风险评价时，应根据被评价对象的不同，选择合适的评价方法。产业技术创新战略联盟风险具有两个明显的特点：①各联盟风险评价指标具有难以用精确尺度来刻画的模糊性。②由于产业技术创新战略联盟是2007年才出现的新生事物，这一客观事实导致产业技术创新战略联盟风险评价过程中难以获得足够多的资料和信息，亦即灰色性。

在对现有风险评价方法进行综合分析的基础上，本章针对产业技术创新战略联盟风险评价过程中兼具"模糊性"和"灰色性"这一特征，通过综合运用"粗糙集（RS）""层次分析法（AHP）""广义三角模""模糊综合评价"等相关理论，构建了产业技术创新战略联盟风险的灰色模糊综合评价模型，并通过实例分析检验了该模型的合理性。

本章在开展具体研究工作时，所采用的研究思路如下：

（1）根据第4章中的产业技术创新战略联盟风险识别结

果,构建产业技术创新战略联盟风险评价指标体系。

(2) 综合运用灰色理论、模糊数学理论、粗糙集理论等相关理论构建"产业技术创新战略联盟风险评价的灰色模糊综合评价模型"。

(3) 以国内某新能源产业技术创新战略联盟的风险评价为例进行实例分析,验证该模型的合理性。

依据以上所确定的产业技术创新战略联盟风险评价方法和思路,本章接下来进行"产业技术创新战略联盟风险评价模型"的具体研究工作。

5.3 产业技术创新战略联盟风险的灰色模糊综合评价模型

5.3.1 理论基础

5.3.1.1 灰色模糊综合评价理论

灰色模糊综合评价的本质就是在一般模糊综合评价的基础上,加入了点灰度概念。具体来讲,就是将传统的模糊隶属矩阵进化为灰色模糊隶属矩阵,将传统的权重向量进化为灰色权重向量,并运用"广义三角模算子"进行运算。

定义1:给定空间 $X = \{x\}, Y = \{y\}$,若 x 与 y 对模糊关系 $\tilde{\boldsymbol{\Gamma}}$ 的隶属度 $u(x,y)$ 有点灰度 $v(x,y)$,则称直积空间 $X \times Y$ 中的灰色模糊集合 $\tilde{\boldsymbol{\Gamma}} = [(x,y), u(x,y), v(x,y)]$ 为 $X \times Y$ 上的灰色模糊关系,也可表示为灰色模糊矩阵,具体如下:

$$\widetilde{\underset{\leftarrow}{\Gamma}} = [(u_{ij},v_{ij})_{m\times n}] = \begin{bmatrix} (u_{11},v_{11}) & (u_{12},v_{12}) & \cdots & (u_{1n},v_{1n}) \\ (u_{21},v_{21}) & (u_{22},v_{22}) & \cdots & (u_{2n},v_{2n}) \\ \vdots & \vdots & & \vdots \\ (u_{m1},v_{m1}) & (u_{m2},v_{m2}) & \cdots & (u_{mn},v_{mn}) \end{bmatrix}_{m\times n}$$

其中：

（1）$u_{ij}(0 \leqslant u_{ij} \leqslant 1)$ 表示因素 i 对评语集 j 的隶属度，可由式（5-1）计算。

$$u_{ij} = \frac{t_j}{\sum_{j=1}^{n} t_j} \qquad (5-1)$$

式（5-1）中 t_j 表示有 t_j 个评价主体（专家）对因素 i 给出 y_j 评语。

（2）$v_{ij}(0 \leqslant v_{ij} \leqslant 1)$ 表示 u_{ij} 的点灰度，可由式（5-2）计算。

$$v_{ij} = \frac{\sum_{k=1}^{h} v_{ij}^{k}}{h} \qquad (5-2)$$

式（5-2）中 h 表示专家的总数；v_{ij}^{k} 表示其中第 k 个专家在"对因素 i 给出 y_j 评语"的信息不完备程度。v_{ij}^{k} 介于 0~1，v_{ij}^{k} 越接近于 0 代表评价信息越充分，v_{ij}^{k} 越接近于 1 代表评价信息越不充分。

定义 2：灰色权重集可视为评判对象与因素集之间的灰色模糊关系，可表示为灰色权重向量如下：

$$\widetilde{\underset{\leftarrow}{W}} = \{[w_1,v(w_1)],[w_2,v(w_2)],\cdots,[w_m,v(w_m)]\}$$

其中，w_m 表示第 m 个因素的权重；$v(w_m)$ 表示 w_m 的点灰度，计算方法类似于 v_{ij}。

除了查德算子以外，还有 5 种常用的基于广义三角模算子的灰色模糊综合评价方法。根据本书研究对象的特征，适合采取如下方法：

$$\tilde{B} = \tilde{W} * \tilde{\Gamma} = \left(\sum_{i=1}^{n} [w_i \cdot u_{ij}], \vee [v(w_i) \wedge v_{ij}] \right) \quad (5-3)$$

该计算方法的特点是对所有的因素按权重大小均衡考虑，每一因素对评价结构都有影响。

5.3.1.2 基于 RS 和 AHP 的组合赋权理论

根据权重确定方法的主观性强弱，可以将常见的权重确定方法归纳为"主观赋权"和"客观赋权"两类。主观赋权以定性分析为主，专家经验在权重确定过程中占主导地位；客观赋权以定量分析为主，基本原理是根据指标之间的相关性或指标的变异系数来确定权重。以上两类方法各有优劣和长短。主观赋权法虽然能充分吸收专家的知识和经验，但以人的主观判断作为赋权基础，主观性较大。客观赋权法虽具有"权重确定不受评价主体主观意志干扰"等优点，但所得各指标的权重不能体现各指标自身价值的重要性，同时，各指标的权重随样本的变化而变化，权重依赖于样本[①]。因此，在产业技术创新战略联盟风险评价过程中确定权重的时候，应将主、客观赋权方法有机集成，从而扬长避短。

1. 基于 AHP 的主观赋权

本模型采用 AHP 方法进行主观赋权，基于 AHP 方法的主

---

① 钟嘉鸣、李订：《粗糙集与层次分析法集成的综合评价模型》，《武汉大学学报》（工学版）2008 年第 41 期，第 126~130 页。

观赋权基本步骤如下：

（1）建立层次分析结构模型。在对具体问题进行深入分析的基础上，将各因素按照不同属性分解为若干层次，一般包括目标层、准则层和方案层，从而构建层次分析结构模型。

（2）构造判断矩阵。从层次结构模型的准则层开始，对从属于上一层次同一因素的各因素，用"成对比较法"和"1~9标度"构成相对重要性判断矩阵，直到最底层。

（3）层次单排序。层次单排序就是求某一层次上各因素对其上层因素的相对重要性，即权重。该步骤具体过程如下：

①计算判断矩阵每一行元素的乘积 M_i：

$$M_i = \prod_{j=1}^{n} a_{ij}, i = 1, 2, \cdots, m \tag{5-4}$$

②计算 M_i 的 n 次方根 W_i：

$$W_i = \sqrt[n]{M_i} \tag{5-5}$$

③归一化处理：

$$\omega_i = \frac{W_i}{\sum_{i=1}^{n} W_i} \tag{5-6}$$

向量 $\boldsymbol{\omega} = (\omega_1, \omega_2, \cdots, \omega_n)$ 即为该层次各因素对上一层次某一因素的权重。运用相同方法，可确定其他层次各因素权重。

（4）"一致性检验"，最终确定各因素权重。

通过以上四步就可以完成基于 AHP 的主观赋权。

2. 基于 RS 的客观赋权

本章中采用 RS 方法进行客观赋权。1982 年，波兰数学家

Pawlak Z. 提出了粗糙集（Rough Sets，RS）[1] 理论。粗糙集主要用于处理不确定和不完备问题。利用粗糙集中的"属性重要度"，可以确定指标权重[2]。

定义3：四元组 $S = (U,A,V,f)$ 是一个信息系统，其中，U、A 分别表示对象和属性的非空有限集合，$U = (x_1, x_2, \cdots, x_n)$，$A = (a_1, a_2, \cdots, a_m)$；$V = \bigcup_{a \in A} V_a$，$V_a$ 是属性 a 的值域；信息函数 $f: U \times A \to V$ 表示赋予每个对象的每个属性一个信息值，即 $\forall a \in A, x \in U, f(x,a) \in V_a$。

定义4：设信息系统 $S = (U,A,V,f)$ 中，$U/\text{IND}(P) = \{X_1, X_2, \cdots, X_n\}$ $(P \subseteq A)$；知识 P 的信息量可描述为

$$I(P) = \sum_{i=1}^{n} \frac{|X_i|}{|U|}\left(1 - \frac{|X_i|}{|U|}\right) = 1 - \frac{1}{|U|^2}\sum_{i=1}^{n}|X_i|^2 \quad (5-7)$$

其中，$|X_i|$ 表示等价类集合 X_i 的基数。

定义5：若 $S = (U,A,V,f)$ 为一信息系统，则属性 $a_i \in A$ 在 A 中的重要性可定义为

$$\text{SGF}_{A-\{a_i\}}(a_i) = I(A) - I(A - \{a_i\}) \quad (5-8)$$

该定义表明属性 $a_i \in A$ 在 A 中的重要性是由 A 中去掉 $\{a_i\}$ 后所引起的信息量变化的大小来度量的。

定义6：若 $S = (U,A,V,f)$ 为一信息系统，且 $A = (a_1, a_2, \cdots, a_m)$，则属性 $a_i \in A$ 的权重 $\omega(a_i)$ 可定义为

---

[1] Pawlak Z., *Rough Sets Theoretical Aspects of Reasoning about Data*, Kluwer Academic Publishers, 1991; Pawlak Z., "Rough Set Theory and Its Applications to Data Analysis," *Cybernetics and Systems*, 1998, 29（7）：661 - 688.

[2] 殷焕武：《基于粗糙集属性重要度的岗位评价方法及其应用》，《管理学报》2010年第5期，第76~80页。

$$\omega(a_i) = \frac{\mathrm{SGF}_{A-\{a_i\}}(a_i)}{\sum_{i=1}^{m} \mathrm{SGF}_{A-\{a_i\}}(a_i)} \tag{5-9}$$

3. 主、客观赋权的优化组合

假定 $\omega_{si}, \omega_{\sigma i}, \omega_i$ ($0 \leqslant \omega_{si}, \omega_{\sigma i}, \omega_i \leqslant 1$, $i = 1, 2, \cdots, m$)分别表示属性 a_i 的主、客观和组合权重,则该属性 a_i 的主、客观权重的优化组合问题可表达为

$$\begin{cases} \min \left\{ \sum_{i=1}^{m} \left\{ \mu [0.5(\omega_i - \omega_{si})^2] \right\} + (1-\mu)[0.5(\omega_i - \omega_{\sigma i})^2] \right\} \\ \mathrm{s.t.} \sum_{i=1}^{m} \omega_i = 1 \end{cases}$$

通过 Lagrange 函数方法求解以上最优化问题,得组合权重最优解为

$$\omega_i = \mu \omega_{si} + (1-\mu) \omega_{\sigma i} \tag{5-10}$$

其中,$\mu(0 \leqslant \mu \leqslant 1)$ 为经验因子,反映评价过程中主、客观权重所占比例。通常 μ 取 0.5,表明主观权重和客观权重同等重要。

5.3.2 评价模型的具体构建

5.3.2.1 确定产业技术创新战略联盟风险评价指标体系
(1) 构建指标体系的基本原则。

产业技术创新战略联盟风险评价指标体系通常由多个相互联系的评价指标构成,并具有一定的层级结构。指标体系是联系评价专家、评价方法与评价对象的纽带和桥梁。只有在评价指标体

系科学和合理的前提下，才有可能得到科学公正的评价结果。为了构建一个合理的评价指标体系，本书确定了"科学性""系统性""通用性""实用性"四条构建评价指标体系的基本原则。

（2）本书指标体系的确定。

根据以上指标体系确定的原则，并结合本书第4章产业技术创新战略联盟风险综合集成识别的结果，可确定产业技术创新战略联盟风险评价指标体系，如表5-1所示。

表5-1 产业技术创新战略联盟风险评价指标体系

总指标	一级指标	二级指标
产业技术创新战略联盟风险	绩效风险	灾害、战争风险
		经济危机风险
		产业政策风险
		市场需求风险
		市场竞争风险
		市场进入时机风险
		技术成熟度风险
		技术先进性风险
		联盟技术能力风险
		联盟管理能力风险
		研发经费风险
		研发成本风险
	关系风险	成员文化不兼容风险
		成员目标不兼容风险
		成员管理不兼容风险
		成员技术不兼容风险
		成员间信任风险
		道德风险
		利益分配风险

续表

总指标	一级指标	二级指标
产业技术创新战略联盟风险	知识产权风险	知识泄露风险
		知识被盗用、模仿风险
		知识输出方自我保护风险
		知识接收方虚假接受风险
		知识破损风险

5.3.2.2 建立模糊集和评语集

根据表5-1所示的产业技术创新战略联盟风险评价指标体系，可以确定一级指标集为 $\Omega = \{X_i\}$ $(i = 1,2,3)$；二级指标集为 $\Omega_i = \{X_{ij}\}$ $(i = 1,2,3; j = 1,2,\cdots,n)$，其中 X_{ij} 为一级评估指标 X_i 下的第 j 个二级评估指标，n 的取值视一级指标 u_i 下的二级指标的具体个数而定，如 $i = 1$ 时，$n = 12$。

设 $V = (V_k)$ $(k = 1,2,\cdots,p)$ 表示评语集，其中 p 表示评语总个数。本书 $p = 5$，即综合考虑风险发生的概率和后果影响大小后将风险分为5级，即很小、较小、一般、较大、很大，每级对应赋值1、2、3、4、5。

5.3.2.3 确定灰色组合权重向量

首先运用式（5-4）~式（5-10）计算可得各一级指标和二级指标的组合权重，记为 ω_i 和 ω_{ij}。其次运用式（5-2）类似方法计算可得各级指标组合权重的点灰度，分别记为 $v(\omega_i)$ 和 $v(\omega_{ij})$。最后将 ω_i、ω_{ij}、$v(\omega_i)$ 和 $v(\omega_{ij})$ 结合，就可得到各一级指标和二级指标的灰色权重向量，如下：

$$\tilde{W} = \{[\omega_1, v(\omega_1)], [\omega_2, v(\omega_2)], [\omega_3, v(\omega_3)]\}$$

$$\tilde{W}_i = \{[\omega_{i1}, v(\omega_{i1})], [\omega_{i2}, v(\omega_{i2})], \cdots, [\omega_{in}, v(\omega_{in})]\}$$
$$(i = 1, 2, 3; j = 1, 2, \cdots, n)$$

5.3.2.4 确定灰色模糊隶属矩阵

利用专家评分法，参照评语集 V 对产业技术创新战略联盟风险评估体系中各一级指标的下属二级指标进行模糊评判，这种评判是一种模糊映射。通过从集合 Ω_i 到评语集 V 的模糊映射 $f: \Omega_i \rightarrow V$，可获得各一级指标下的二级指标集的灰色模糊隶属矩阵，如下：

$$\tilde{\Gamma}_i = [(u_{ijk}, v_{ijk})_{n \times k}] = \begin{bmatrix} (u_{i11}, v_{i11}) & (u_{i12}, v_{i12}) & \cdots & (u_{i1k}, v_{i1k}) \\ (u_{i21}, v_{i21}) & (u_{i22}, v_{i22}) & \cdots & (u_{i2k}, v_{i2k}) \\ \vdots & \vdots & & \vdots \\ (u_{in1}, v_{in1}) & (u_{in2}, v_{in2}) & \cdots & (u_{ink}, v_{ink}) \end{bmatrix}_{n \times k}$$

其中，u_{ijk} 表示二级指标 X_{ij} 对于第 k 级评语的隶属度；v_{ijk} 表示 u_{ijk} 的点灰度。u_{ijk} 的取值可由式（5-1）确定。点灰度 v_{ijk} 的取值可由式（5-2）确定。

5.3.2.5 灰色模糊综合评价

如果评价指标体系具有递阶层次结构，那么在进行灰色模糊综合评价时必须自下而上逐层进行。根据这一原则，本书中灰色模糊综合评价过程如下：

(1) 计算各一级指标灰色模糊隶属向量。

根据式（5-3），可以计算得到各一级指标的灰色模糊隶属向量为

$$\tilde{B}_i = \tilde{W}_i * \tilde{\Gamma}_i = \left\{ \sum_{j=1}^{n} [w_{ij} \cdot u_{ijk}], \vee_{j=1}^{n} [v(w_{ij}) \wedge v_{ijk}] \right\}$$
$$= [(u_{i1}, v_{i1}), (u_{i2}, v_{i2}), \cdots, (u_{ik}, v_{ik})]$$

其中，u_{ik} 表示第 i 个指标对于第 k 级评语的隶属度；v_{ik} 表示 u_{ik} 的点灰度。这里需要注意的是，如果 $\sum_{k=1}^{p} u_{ik} \neq 1$，需要作归一化处理。

（2）计算各一级指标的灰色模糊综合评价值。

$$\tilde{R}_i = \tilde{B}_i * V^T = \left\{ \sum_{k=1}^{5} [u_{ik} \cdot V_k], \vee [v_{ik}] \right\} = (r_i, v_i) \quad (5-11)$$

其中，$V^T = (1, 2, 3, 4, 5)^T$；$r_i (i = 1, 2, 3)$ 表示第 i 个一级模糊综合评价值；v_i 表示 r_i 的点灰度。

（3）计算产业技术创新战略联盟风险灰色模糊综合评价值。产业技术创新战略联盟风险灰色模糊综合评价值计算公式为

$$\tilde{R} = \tilde{W} * [(r_1, v_1), (r_2, v_2), (r_3, v_3)]^T$$
$$= \left\{ \sum_{i=1}^{3} [w_i \cdot r_i], \vee [v(\overset{3}{\underset{i=1}{}} w_i) \wedge v_i] \right\} = (r, v) \quad (5-12)$$

其中，r 表示产业技术创新战略联盟风险的灰色模糊综合评价值，取值范围在 1~5，可以根据 r 的大小判断产业技术创新战略联盟风险的高低，如 $r = 4$，这就表明该联盟风险较大。v 表示 r 的点灰度，通常介于 0~1，该值越接近于 0，表明模糊综合评价过程中的灰度越小，做出相应评价的确定性越强。

5.4 产业技术创新战略联盟风险评价模型应用实例分析

本节将运用 5.3 节所构建的"产业技术创新战略联盟风险的灰色模糊综合评价模型"，对第 4 章中所提到的国内某新

能源产业技术创新战略联盟（以下简称 A 产业技术创新战略联盟）的风险评价问题进行实例分析，以评判该产业技术创新战略联盟的风险水平，同时检验以上"评价模型"的合理性。

5.4.1 调查问卷设计与数据采集

（1）调查问卷设计。

在设计调查问卷之前，应首先确定 A 产业技术创新战略联盟风险评价的模糊集和评语集。根据表 5-1 所示的产业技术创新战略联盟风险评价指标体系，确定一级指标模糊集 $\Omega = (x_1, x_2, x_3)$，其中，x_1、x_2 和 x_3 分别代表"绩效风险""关系风险""知识产权风险"；二级指标模糊集 $\Omega_1 = (x_{1j})(j = 1, 2, \cdots, 12)$，$\Omega_2 = (x_{2j})(j = 1, 2, \cdots, 7)$，$\Omega_3 = (x_{3j})(j = 1, 2, \cdots, 5)$，其中 x_{1j}、x_{2j} 和 x_{3j} 分别代表各一级指标下的"灾害、战争风险""联盟成员文化不兼容风险""知识泄露风险"。

评语集为 $V = (V_k)(k = 1, 2, \cdots, 5)$，根据评价需要，确定该评语集的具体组成元素和元素量值。本书将进行"评价指标重要度""联盟风险程度""信息把握程度"三类调查。在调查"评价指标重要度"时，评语集的组成元素和元素量值分别为：（很不重要，不重要，一般，重要，很重要）和（1，2，3，4，5）。在调查"联盟风险程度"时，评语集的组成元素和元素量值分别为：（很小，较小，一般，较大，很大）和（1，2，3，4，5）。在调查"信息把握程度"时，评语集的组成元素和元素量值分别为：（很充分，充分，一般，贫乏，很贫乏）和（0.1，0.3，0.5，0.7，0.9）。

在确定"A 产业技术创新战略联盟风险评价的模糊集和评

语集"后，就可以设计相应的调查问卷，详见附录 C 和附录 D。

（2）数据采集。

本模型对 A 产业技术创新战略联盟风险进行评价时，需要有以下四类数据作为前提，具体为：①在运用"AHP 方法"计算主观权重时，构造"评价指标相对重要性判断矩阵"的所需数据；②运用"粗糙集理论"计算客观权重时，构造"评价指标信息系统 $S = (U, A, V, f)$"的所需数据；③反映"评级指标隶属度"的相关数据；④反映"风险评价信息灰度"的相关数据。为了取得以上数据，本书开展了以下调查工作：

第一，邀请了 5 名相关学科领域的专家，并通过"专家咨询"的方式取得了第①类数据。

第二，对 A 产业技术创新战略联盟的 70 余家联盟成员的 150 余名中高层管理人员进行问卷调查，获取了第②、③、④类数据，调查中所使用的调查问卷详见附录 C 和附录 D。

5.4.2 确定灰色组合权重向量

首先，根据所邀请的 5 名专家对联盟风险各个指标的相对重要性的评价结果构建判断矩阵，运用式（5-4）~式（5-6）进行计算，并经一致性检验，最终得到各指标的主观权重，如表 5-2 所示。

其次，根据对 150 余名中高层管理人员关于"评价指标重要度"的调查结果，可以构建一级指标及各二级指标的信息系统，分别记为 $S = (U, A, V, f)$ 和 $S_i = (U_i, A_i, V_i, f_i)$。在此基础上，运用式（5-7）~式（5-9），可以计算得到各指标的客观权重，如表 5-2 所示。由于篇幅关系，计算过程略。

表 5-2 各指标主观权重、客观权重和组合权重

一级指标	主观权重	客观权重	组合权重	二级指标	主观权重	客观权重	组合权重
X_1	0.215	0.199	0.207	X_{101}	0.019	0.015	0.017
				X_{102}	0.027	0.029	0.028
				X_{103}	0.031	0.041	0.036
				X_{104}	0.098	0.102	0.100
				X_{105}	0.101	0.097	0.099
				X_{106}	0.053	0.051	0.052
				X_{107}	0.042	0.048	0.045
				X_{108}	0.176	0.172	0.174
				X_{109}	0.158	0.154	0.156
				X_{110}	0.125	0.122	0.124
				X_{111}	0.083	0.081	0.082
				X_{112}	0.087	0.088	0.088
X_2	0.492	0.503	0.498	X_{201}	0.073	0.076	0.075
				X_{202}	0.123	0.119	0.121
				X_{203}	0.101	0.098	0.100
				X_{204}	0.136	0.142	0.139
				X_{205}	0.168	0.164	0.166
				X_{206}	0.195	0.192	0.194
				X_{207}	0.204	0.209	0.207
X_3	0.293	0.298	0.295	X_{301}	0.237	0.228	0.233
				X_{302}	0.299	0.302	0.301
				X_{303}	0.112	0.109	0.111
				X_{304}	0.154	0.149	0.152
				X_{305}	0.198	0.212	0.205

再次，根据前面计算得到的各指标主观权重和客观权重，运用式（5-10）就可以计算得到相应指标的组合权重，如

表 5-2 所示。

最后，根据专家意见，运用式（5-2）可以确定各个指标权重的点灰度。然后将点灰度和表 5-2 中的组合权重相结合，就可以构成灰色组合权重向量，如下：

$$\tilde{W}_1 = [(0.017,0.2),(0.028,0.1),\cdots,(0.008,0.1)]$$

$$\tilde{W}_2 = [(0.075,0.1),(0.121,0.1),\cdots,(0.207,0.1)]$$

$$\tilde{W}_3 = [(0.233,0.1),(0.301,0.1),\cdots,(0.205,0.1)]$$

$$\tilde{W} = [(0.207,0.1),(0.498,0.1),(0.295,0.1)]$$

5.4.3 确定灰色模糊隶属矩阵

根据对 150 余名中高层管理人员关于"联盟风险程度和信息把握度"的调查结果，并经过整理后可以确定 3 个一级指标所属的二级风险指标灰色模糊隶属矩阵，具体如下：

$$\tilde{\Gamma}_1 = \begin{bmatrix} (0.6,0.3) & (0.3,0.3) & \cdots & (0,0.5) \\ (0.2,0.2) & (0.3,0.2) & \cdots & (0.2,0.4) \\ \vdots & \vdots & & \vdots \\ (0.1,0.1) & (0.2,0.1) & \cdots & (0.4,0.1) \end{bmatrix}_{12 \times 5}$$

$$\tilde{\Gamma}_2 = \begin{bmatrix} (0.1,0.1) & (0.3,0.1) & \cdots & (0,0.1) \\ (0.1,0.1) & (0.3,0.1) & \cdots & (0.1,0.1) \\ \vdots & \vdots & & \vdots \\ (0.1,0.2) & (0.3,0.2) & \cdots & (0.2,0.1) \end{bmatrix}_{7 \times 5}$$

$$\tilde{\Gamma}_3 = \begin{bmatrix} (0.1,0.4) & (0.2,0.4) & \cdots & (0.2,0.4) \\ (0.1,0.2) & (0.3,0.2) & \cdots & (0.2,0.4) \\ \vdots & \vdots & & \vdots \\ (0.1,0.3) & (0.2,0.4) & \cdots & (0.1,0.4) \end{bmatrix}_{5 \times 5}$$

5.4.4 联盟风险的灰色模糊综合评价

首先，由式（5-10）计算，并进行归一化处理，可得各一级指标的灰色模糊隶属向量如下：

$$\tilde{B}_1 = [(0.13,0.1),(0.29,0.1),(0.27,0.1),(0.19,0.2),(0.12,0.1)]$$

$$\tilde{B}_2 = [(0.08,0.2),(0.19,0.1),(0.24,0.2),(0.34,0.1),(0.15,0.1)]$$

$$\tilde{B}_3 = [(0.09,0.1),(0.18,0.1),(0.25,0.2),(0.39,0.1),(0.09,0.2)]$$

其次，由式（5-11）可得各一级指标灰色模糊评价值：

$$\tilde{R}_1 = \tilde{B}_1 * V^T = (2.88,0.2)$$

$$\tilde{R}_2 = \tilde{B}_2 * V^T = (3.29,0.2)$$

$$\tilde{R}_3 = \tilde{B}_3 * V^T = (3.21,0.2)$$

最后，由式（5-12）可得联盟风险的灰色模糊综合评价值：

$$\begin{aligned}\tilde{R} &= \tilde{W} * [\tilde{R}_1,\tilde{R}_2,\tilde{R}_3]^T \\ &= [(0.207,0.1),(0.498,0.1),(0.295,0.1)] * \\ &\quad [(2.88,0.2),(3.29,0.2),(3.21,0.2)]^T \\ &= (3.18,0.1)\end{aligned}$$

以上结果说明，有90%（1-0.1=0.9）的把握判断A产业技术创新战略联盟风险水平介于"一般"和"较大"之间，这与A产业技术创新战略联盟风险管理人员的感知情况基本吻合。

通过以上实证分析，验证了本书所提出的灰色模糊综合评价模型的合理性。

5.5 本章小结

本章中，首先对产业技术创新战略联盟风险评价的特点进行了分析，发现产业技术创新战略联盟风险评价兼具"模糊性"和"灰色性"。鉴于此，本书决定将"模糊综合评价法"作为产业技术创新战略联盟风险评价的基本方法，并同时综合运用"灰色理论"相关知识，以处理产业技术创新战略联盟风险评价的"信息灰度"问题。

其次，根据第4章的联盟风险识别结果，构建了一个分为"绩效风险""关系风险""知识产权风险"三类，共包括"产业政策风险""道德风险""知识泄露风险"等24个风险指标的产业技术创新战略联盟风险评价指标体系。

再次，在一般模糊综合评价模型的基础上，通过引入"点灰度"和"广义三角模算子"，并运用层次分析法和粗糙集进行组合赋权，构建了产业技术创新战略联盟风险的灰色模糊综合评价模型。

最后，运用所构建的产业技术创新战略联盟风险灰色模糊综合评价模型，对国内某产业技术创新战略联盟的风险评价进行了实例分析。通过实例分析，对该产业技术创新战略联盟风险整体水平进行了评价，同时也验证了该模型的合理性。

值得一提的是，在本章的研究中，通过运用AHP方法和RS方法分别确定主、客观权重，并进行优化而得到组合权重；

这样的处理方法能充分吸收主观赋权方法和客观赋权方法这两类权重确定方法的优点，同时又能克服它们各自的不足；通过引入"基于广义三角模的灰色模糊综合评价方法"，从而在产业技术创新战略联盟风险的评价过程中既考虑到了"模糊性"，又考虑到了"灰色性"，最终让评价结果能更加准确反映联盟风险的实际状况。

第6章 产业技术创新战略联盟风险防控模型

通过文献检索发现，国内外学者对技术合作创新中的道德风险、信任风险和知识产权风险等风险类型的防控问题进行了较为深入的研究，取得了一些研究成果。但以上研究成果较为零散，缺乏面向产业技术创新战略联盟整个运行过程亦即联盟全生命周期的系统研究。生命周期理论已被广泛地应用于对"营销""管理""组织"等相关领域的研究，如 Kotler 等对产品/市场的研究、Hofer 等对组织成长与演进的研究和 Hayes 对生产过程的研究等[1]。生命周期理论同样也可应用于产业技术创新战略联盟风险防控的相关研究。

基于以上分析，本章尝试运用生命周期理论分析产业技术创新战略联盟的整个运行过程，并在此基础上，试图构建面向产业技术创新战略联盟全生命周期的风险防控模型，以期为产业技术创新战略联盟风险防控实践提供全面而系统的理论支持。

---

[1] 任佩瑜、林兴国：《基于复杂性科学的企业生命周期研究》，《四川大学学报》（哲学社会科学版）2003年第6期，第35~39页。

6.1 产业技术创新战略联盟生命周期分析

6.1.1 企业生命周期理论综述

20世纪70年代，美国哈佛大学教授 Larry E. Greiner 在其 "Evolution and Revolution as Organizations Grow" 一文中首次提出了企业生命周期的概念[1]。伴随着"企业生命周期"理论的不断发展，该理论逐渐形成四个较具影响力的分支，即仿生-进化论、阶段论、归因论和对策论。在四个分支中，尤以阶段论最具代表性。阶段论将企业或组织看做一个兼具生物特性和社会特性，并且开放的复杂系统。在各种因素的共同影响下，这一复杂系统的发展演变，表现为一个从酝酿、构建、运营直至解体的动态演化过程。阶段论重点强调了企业或组织的成长和发展是一个具有若干阶段的连续过程。在研究中应将这一连续过程中各个阶段的特征与问题作为考察的重点。

国内外相关学者对企业生命周期理论做了较为全面和深入的研究。

国外方面，企业生命周期理论的代表人物之一，美国管理学家伊查克·爱迪思（Ichak Adizes）在他的《企业生命周期》一书中指出，企业与自然界生物一样，都遵从"生命周期"的规律。他首先把企业生命周期分为成长与老化两大阶段，并根据风险偏好、资本量、功能或形式、主导部门、目标导向等

---

[1] Greiner, Larry E., "Evolution and Revolution as Organizations Grow," *Harvard Business Review*, 1972 (50): 37–46.

因素又把成长与老化两大阶段进一步细分为孕育期、婴儿期、学步期、青春期、盛年期、稳定期、贵族期、官僚初期、官僚期和死亡期10个小阶段，企业处于其生命周期何阶段取决于"灵活性"和"可控性"两个维度。在国际上，研究企业生命周期理论的代表性人物还有格林纳尔、昆尼、麦克保尔、刚毕瑞斯、汉布瑞克和福克托玛等。以上学者从不同视角出发，从不同侧面分析了影响企业生命周期的因素和影响企业长寿的因素，对企业生命周期理论进行了深入研究，研究成果颇丰。这些研究成果中比较著名的是格林纳尔的五阶段理论以及昆尼和开姆若尼的四阶段理论。

国内方面，1995年，中国社会科学院陈佳贵（1995）教授在《中国工业经济》杂志上发表了《关于企业生命周期与企业蜕变的探讨》一文，在文中作者指出，企业要完成整个"生命"过程，必须先后经历孕育期、求生存期、高速发展期、成熟期、衰退期和蜕变期六个阶段或时期。此后，吴革（1995）、顾力刚等（2001）、王立志等（2003）、薛求知等（2005）、杜伟锦等（2004）分别从"企业生命周期中战略目标的抉择""企业生命剖析""企业仿生学""企业寿命结构""企业生命周期分布特征"等角度对企业生命周期理论进行了较为全面的研究。

从上述国内外研究现状不难看出，企业生命周期理论是在思考和模仿生物生命过程特别是人类生命过程的基础上提出来的，研究中借鉴了产品市场寿命周期理论的许多观点。企业生命周期理论认为，"企业"等组织像生物有机体一样具有生命，并存在一个相对稳定的生命周期，即一个从生到死、由盛到衰的生命历程。

近几年，许多学者在不断完善企业生命周期理论的同时，也将该理论应用于其他一些与企业有一定相似性的组织，如"知识链""产学研联盟""战略联盟"等领域的研究中，得到了一系列的研究成果，其中比较具有代表性的是：顾新等（2007）阐释了知识链及其生命周期，将知识链的生命周期划分为酝酿期、组建期、运行期、解体期四个阶段，分析了生命周期各阶段中知识链管理的流程和内容，构建了基于生命周期的知识链管理框架模型。吴婷等（2010）指出产学研联盟的生命周期包括酝酿期、组建期、运行期、终止期四个阶段，组织之间的冲突在各阶段有不同的表现形式，因此，对产学研联盟的冲突管理应采取动态的管理方法，在不同生命周期阶段采取不同的策略。汪轩正等（2009）基于生命周期理论，分析了战略联盟各发展阶段的不稳定性，进而总结出战略联盟不稳定性影响因素，并通过梳理整合，构建了联盟稳定性的简易计算模型，为战略联盟不稳定性的后续研究提供了基础。周明等（2007）针对物流战略联盟的特点，分析实施过程中的困境，并结合全生命周期理论构建物流战略联盟全生命周期模型。任荣等（2010）以战略联盟中的企业合作创新行为为研究对象，通过构建以联盟生命周期阶段为细分变量的合作创新关键因素管理模型，探讨在不同联盟阶段中企业合作创新管理的重点。谢科范等（2001）着重讨论了高科技企业战略联盟的生命周期、生命周期各个阶段的特征，并对出现这些特征的原因进行了分析。阮平南等（2010）以生命周期理论为基础，分析横向和纵向两类战略联盟的不同演化方向，从而得出纵向联盟更有可能向战略网络演化的结论。以上研究成果为本章中将企业生命周期理论用于分析产业技术创新战略联盟运行过程,并构建面向产业技术创新战略联盟全生命周期的风险防控模型提供了很好的借鉴。

6.1.2 产业技术创新战略联盟的全生命周期分析

1972年,Greiner在研究组织生命周期时指出,任何一个组织都具有其生命周期,本书中所研究的产业技术创新战略联盟当然也不例外。产业技术创新战略联盟作为一种技术合作创新的组织形式,也有其内在的演进过程,这种内在的演进过程被称为产业技术创新战略联盟的生命周期。本书中所探讨的"产业技术创新战略联盟生命周期",是指产业技术创新战略联盟从生到死、由盛而衰的具有阶段性和共同规律性的联盟组织演进过程。

对于一般战略联盟生命周期中阶段的划分,学者们的研究结论总体上可以归为两类。第一类是按照企业战略联盟持续的时间来判断其所处的生命周期阶段,主要代表人物有Whetten (1979);Mohr,Spekman (1994);谢科范等(2001);周世兴等(2006);朱泽等(2000)。这类划分方法主要是借鉴了组织生命周期理论的基本思想,认为一般战略联盟作为一种组织形式,随着其持续时间的增加,会逐步演变和发展为不同的阶段,每一阶段具有各自的显著特点。第二类是按照一般战略联盟中合作伙伴间的关系特征对该组织的生命周期阶段进行划分,主要代表人物有Brouthers等(1995);Ring,Ven (1994);Buchel (1998);Das,Teng (1998);Lorange (2002);许箫迪(2005);等等。第二类方法认为在一般战略联盟的发展过程中，合作企业之间的关系会不断地发展演化，体现出不同的特征，根据这些特征的差异性，可以将一般战略联盟划分为不同的阶段，如协商期、成长期、成熟期和蜕变期等。

通过对多方面研究文献的综合分析，本书决定采用第一类方法对产业技术创新战略联盟进行生命周期阶段划分，即将产业技术创新战略联盟全生周期划分为"酝酿期""组建期""运作期""解体期"四个阶段。

产业技术创新战略联盟以其所在产业的技术创新需求为驱动，当产业中核心企业出现技术创新需求并期望通过"合作创新"这一途径来满足时，核心企业就会作为产业技术创新战略联盟的发起单位酝酿和组建联盟，当组建工作顺利完成后就进入联盟运行阶段；联盟经过一定时间的运营后，联盟可能会出现两种情况：目标实现或出现难以化解的冲突。无论出现上述两种可能情况的哪一种，联盟都会进入解体阶段。

根据以上对于产业技术创新战略联盟生命周期的分析，可以构建产业技术创新战略联盟全生命周期模型，如图6-1所示。

通过分析该生命周期模型不难发现，产业技术创新战略联盟全生命周期每一阶段都有相应要完成的内容。"酝酿期"的主要内容是：产业技术创新战略联盟发起单位对市场机遇的识别、对自身核心能力的认识以及是否组建产业技术创新战略联盟的决策等；"组建期"的主要内容是：产业技术创新战略联盟成员的选择、产业技术创新战略联盟基础设施建设和产业技术创新战略联盟治理机制的设计等，这里的治理机制具体包括利益分配机制、风险分担机制和冲突协调机制等；"运作期"的主要内容是：产业技术创新战略联盟管理机构对联盟进行任

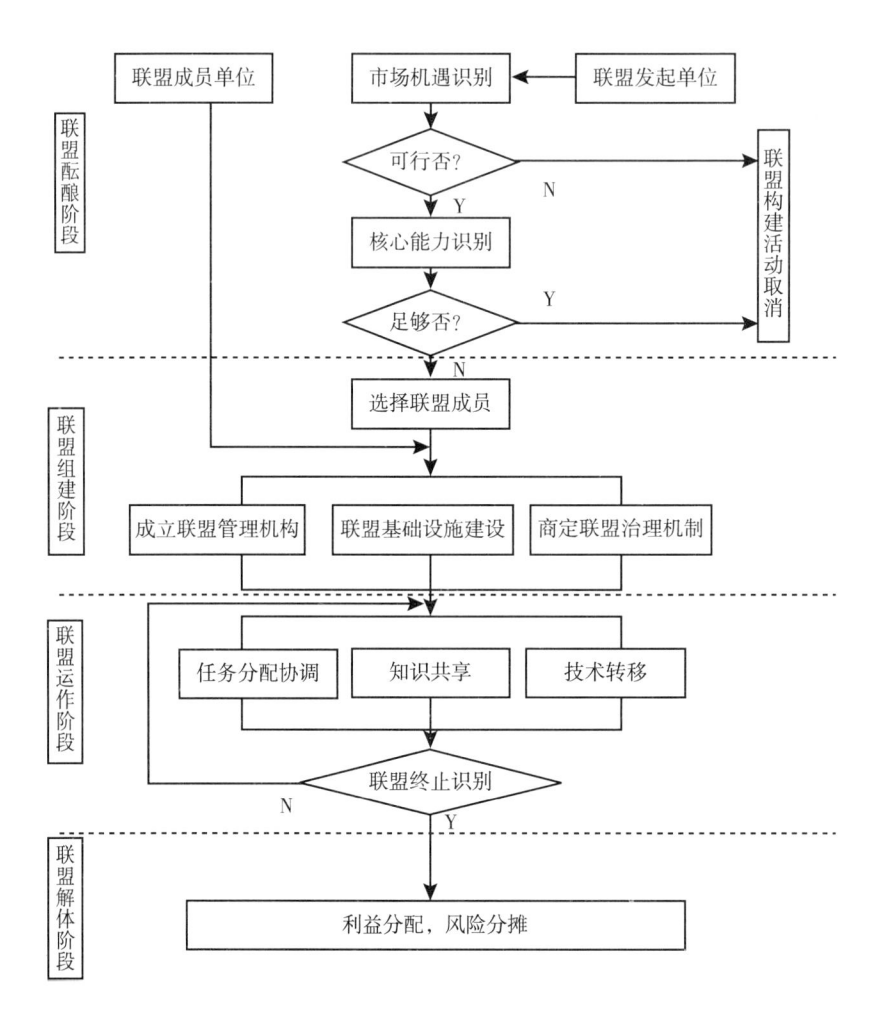

图 6-1 产业技术创新战略联盟全生命周期模型

务的分配协调与资源配置、信任管理和运行监督管理等，目的在于实现产业技术创新战略联盟目标；"解体期"的主要内容是：当产业技术创新战略联盟实现预期目标后按计划解体或遇到不可解决的困难而非计划解体时，产业技术创新战略联盟管理机构进行利益分配或风险分摊等。

6.1.3 产业技术创新战略联盟风险诱因分析

本书第 4 章对产业技术创新战略联盟风险的识别进行了研究。通过研究发现，在产业技术创新战略联盟运行过程中存在的风险可以归为"绩效风险""关系风险""知识产权风险"三类，具体包括"灾害、战争风险""信任风险""知识破损风险"等 24 种风险。产业技术创新战略联盟风险主要源于产业技术创新战略联盟外部环境的不确定、联盟主体能力的不足和联盟成员间关系的不和谐，而以上风险来源的背后潜藏着更深层次的风险诱因。接下来，本节将结合上面产业技术创新战略联盟生命周期的相关分析，对产业技术创新战略联盟风险诱因进行扫描，为下一步构建"面向产业技术创新战略联盟全生命周期的联盟风险管理模型"提供基础。

通过分析，本书认为产业技术创新战略联盟全生命周期运行过程中可能出现的风险诱因具体有以下几个方面：

（1）联盟外部环境的不确定性。

产业技术创新战略联盟运行的稳定性会受到外部环境不确定性的影响。通常来讲，产业技术创新战略联盟外部环境的不确定性具体包括自然灾害、战争、市场需求变化和国家经济或产业政策变化等。产业技术创新战略联盟外部环境主要是通过"突发事件"和"分化瓦解"两种形式引发联盟风险。"突发事件"对于联盟的不利影响可以理解为：诸如"地震"这样的突发事件，会给联盟成员或其中个别核心成员造成严重打击，进而可能导致联盟的"猝死"。"分化瓦解"对于联盟的不利影响可以理解为：联盟中某些成员的竞争对手为打压这些联盟成员，可能会利诱甚至逼迫产业技术创新战略联盟的其他成员放弃与这些联盟成员结盟，从而导致产业技术创新战略联盟的分化瓦解。值得一提的是，产业技术创新战略联盟外部环境的不确定性是不可控的。在联盟的运行过程中，只有尽可能地通过事前机制（如联盟机遇识别）去规避，或是事后机制（如联盟主动适应）去降低联盟外部环境不稳定性给联盟带来的不利影响。

（2）联盟机遇识别失误。

市场机遇，即市场机会，是指市场上存在的尚未满足或尚未完全满足的显性或隐性的需求。一条新的产业链常常会伴随着新的市场机会的出现而出现。而这条产业链要实现真正的商业价值，必须解决产业相关技术的创新问题。当产业链核心成员没有独立研发能力，需要进行合作创新时，联盟就应运而生了。因此，通过产业技术创新战略联盟SWOT分析对可能的市场机会进行识别，是产业技术创新战略联盟组建的关键前期准备工作。准确识别市场机会，是联盟成功运行的关键所在。如果联盟机遇识别失误，必然会导致联盟技术合作创新活动的全盘皆输。

（3）联盟成员选择不妥。

甄别和选择合适的联盟成员是组建产业技术创新战略联盟的一个关键环节，因为联盟成员间的相互关系的不和谐将会直接诱发联盟风险。根据实践经验，产业技术创新战略联盟运行的稳定性，与"联盟成员文化相似度""联盟成员实力相近度""联盟成员资源互补度"以及"联盟成员间关系融洽度"均成正比。在遴选联盟成员的实际操作中，由于联盟成员选择的指标体系不完善、选择方法不科学等因素的存在，加之"信息不对称"的存在，找到合适的联盟成员并非一件容易的事情。

第6章 产业技术创新战略联盟风险防控模型

如果联盟成员选择不妥，联盟运行过程中就不可避免地面临联盟成员能力不互补、合作动机以及合作目标不相容、企业文化严重冲突等不利情况，最终导致联盟运行低效甚至非计划解体。产业技术创新战略联盟成员选择不妥具体表现在以下几个方面：

①联盟成员能力不能互补。产业技术创新战略联盟内成员之所以要组建或参与联盟的一个重要原因就是自身核心能力的不足，无法独立完成技术创新或无力独立承担技术创新可能带来的风险，从而希望通过"产业技术创新战略联盟"这样一种合作创新模式，实现"资源、能力互补"和"风险分摊"的一举两得。如果联盟成员能力互补性很低，联盟就因此而失去存在的意义和基础，联盟失败也就成为一种大概率事件。

②联盟成员动机和目标不相容。产业技术创新战略联盟内产、学、研各方单位性质不同，利益诉求也不同，从而导致联盟各方参与联盟的动机和期望目标并不一致，甚至冲突。在联盟的运行过程中，就会出现联盟各方"同床异梦""出工不出力"的现象，再加上联盟内成员间的信息不对称，道德风险就很容易出现，进一步诱发信任风险等其他风险，最终导致产业技术创新战略联盟的失败。

③联盟各成员间的文化冲突。联盟是由两个或两个以上的，通常具有不同文化背景的企业、大学和科研机构组成。这些具有不同组织文化的联盟成员在进行合作时，联盟成员间文化摩擦甚至冲突就很有可能会发生。当这种文化摩擦或冲突在联盟内发生时，就会破坏联盟成员间的和谐关系，进而不可避免地给联盟绩效带来负面影响，具体表现为联盟协作成本的提高，甚至因冲突不可调解而导致联盟的非计划解体。

(4) 联盟成员间信任缺失。

产业技术创新战略联盟取得成功的关键之一是联盟成员间的深入合作。而这种深入合作，在很大程度上依赖于联盟成员间信任关系的建立。若联盟成员之间缺乏这种相互信任，加之信息不对称的存在，联盟内成员很有可能不会全身心地投入合作，甚至产生机会主义行为，最终给联盟带来致命的损害。

(5) 联盟成员间有效沟通不足。

产业技术创新战略联盟能够成功运行的关键之一是联盟成员间的有效沟通，因为通过"有效沟通"能使联盟成员更加了解合作伙伴，从而主动调整自身行为，让合作更加深入和密切。但在联盟实践中联盟成员间实现这种有效沟通并不容易，主要原因有联盟成员组织性质、组织文化和组织结构的差异，以及沟通机制的缺失等。

(6) 联盟治理机制不合理或不完善。

对于一般战略联盟，联盟的组织形式和治理机制都是重要的风险因素。但本书研究对象是产业技术创新战略联盟，根据定义，它是一种契约型联盟。在产业技术创新战略联盟的组织形式已确定为"契约型联盟"的前提下，再来讨论组织形式对于联盟风险的影响显得没有任何意义。因此，在本章中不予讨论联盟组织形式对于联盟风险的影响，而只着重讨论联盟治理机制对于联盟风险的影响。

联盟治理机制主要包括联盟利益分配机制、联盟成员沟通协调机制和联盟风险分摊机制等。如果联盟治理机制不合理或不完善，相应的治理监督功能缺失，会导致联盟各方利益和责任难以协调，进而诱发联盟风险，影响联盟的正常运行。

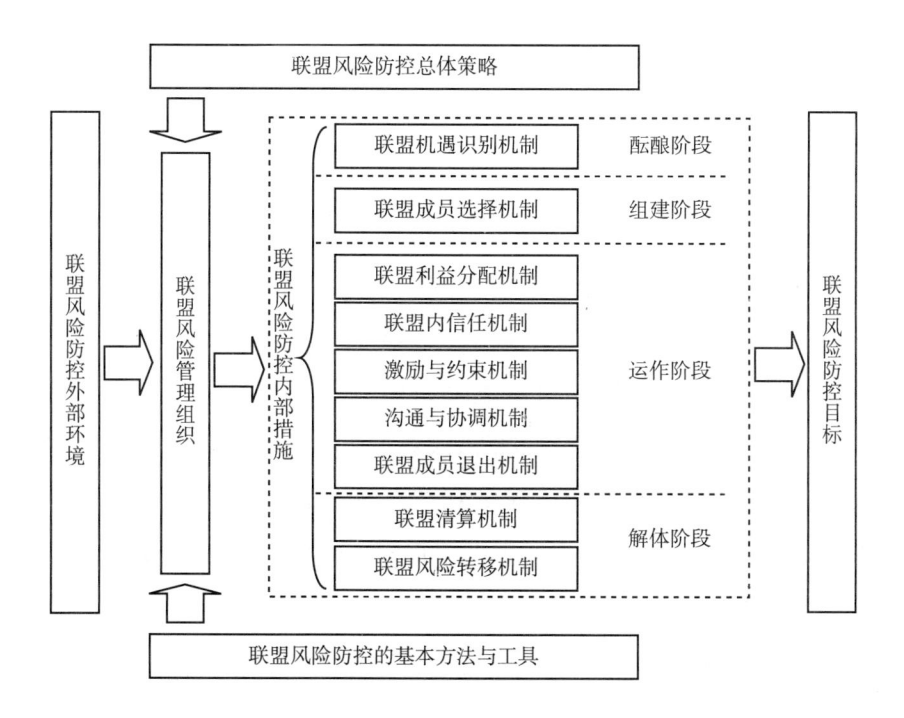

6.2 面向产业技术创新战略联盟全生命周期的风险防控模型

在借鉴裴斐和尹学群等研究成果的基础上，根据 6.1 节中对于"产业技术创新战略联盟全生命周期"以及"产业技术创新战略联盟生命周期各阶段联盟风险诱因"的分析，本节构建了一个面向产业技术创新战略联盟全生命周期的风险防控模型，如图 6-2 所示。

图 6-2 面向产业技术创新战略联盟全生命周期的风险防控模型

如图 6-2 所示，面向产业技术创新战略联盟全生命周期的风险防控模型由六部分组成，具体为联盟风险管理组织、联盟风险防控外部环境、联盟风险防控总体策略、联盟风险防控内部措施、联盟风险防控目标和联盟风险防控的基本方法与工具。

"联盟风险管理组织"是指在产业技术创新战略联盟内为进行风险管理而成立的专门组织机构。"联盟风险防控外部环境"是指那些处于联盟外部，不受联盟控制，但有助于联盟风险防控的因素总和，一般分为"法律体系"和"社会体系"两个部分，其中法律体系可以通过"强制和清晰的合同"方式来防控联盟内存在的某些风险，而社会体系则是以诚信道德为基础，靠非强制的和模糊的契约方式来防控联盟内存在的某些风险。由于法律体系和社会体系的出发点不同，因此，这两个体系适用的范围和对象也不同。"联盟风险防控总体策略"是指，以"联盟风险防控目标"为中心，以"联盟自身条件和外部环境"为根据，联盟风险管理组织从"风险规避""风险控制""风险转移""风险自留"等风险防控策略中选择具体防控策略的大体思路。"联盟风险防控内部措施"是指联盟风险管理主体针对各类联盟风险诱因，并结合联盟全生命周期不同阶段的风险管理重点，而采取的各类风险防控机制，具体包括联盟成员选择机制、联盟利益分配机制和联盟风险转移机制等9个机制。"联盟风险防控目标"就是指联盟风险防控最终应达到的效果，这为联盟风险的防控活动指明了方向；联盟风险防控目标可以具体分为损失发生前目标和损失发生后目标。

以上所构建的"产业技术创新战略联盟风险防控模型"综合集成了联盟风险防控的相关要素。该模型的六个组成部分构成一个完整的联盟风险防控体系，缺一不可。它们之间的逻辑关系可以概括为：联盟风险管理组织在联盟风险防控总体策略的指导下，有效借助联盟风险防控外部环境的积极作用，通过综合运用联盟风险防控的各种基本方法和工具，并采取联盟风险防控的各项内部措施，对联盟全生命周期内可能出现的风险进行防范和控制，最终实现联盟风险防控目标。

显然，"联盟风险防控内部措施"在联盟风险防控模型的六个组成部分中居于核心地位，我们称其为联盟风险防控模型的核心要素。而其他的五个组成部分，我们称它们为联盟风险防控模型的非核心要素。接下来，本书将对产业技术创新战略联盟风险防控模型的"核心要素"和"非核心要素"分别予以具体探讨，其中重点探讨"核心要素"。

6.3 产业技术创新战略联盟风险防控的核心要素

产业技术创新战略联盟风险防控模型是否能够起到预期的风险防控作用，关键在于其核心要素，即产业技术创新战略联盟风险防控内部措施。正如图6-2所示，产业技术创新战略联盟风险防控内部措施具体包括"联盟机遇识别机制"等涵盖产业技术创新战略联盟全生命周期的9个具体机制，本书重点讨论其中相对更为重要的6个机制，具体包括联盟成员选择机制、联盟利益分配机制、联盟内信任机制、激励与约束机制、沟通与协调机制和联盟风险转移机制。

6.3.1 产业技术创新战略联盟成员选择机制

随着经济全球化以及技术复杂性的不断提高，通过技术联盟这种组织形式进行合作创新逐渐成为许多企业的现实选择。

与技术联盟相伴而生的是技术联盟风险问题。技术联盟的失败率高达50%~60%,而合作伙伴的选择不当是技术联盟失败的一个很重要的原因。产业技术创新战略联盟作为技术联盟的一种具体形式,也面临着类似的问题。

现有的关于"技术联盟成员选择"的研究成果并不丰富,并且在这并不丰富的研究成果中还存在着诸如指标体系繁杂、评价方法不科学以及可操作性差等问题。鉴于此,本节在深入剖析已有研究成果的基础上,试图对现有的技术联盟成员评价指标体系和评价方法进行改进,进而提出一个兼具科学性和可操作性的产业技术创新战略联盟成员选择模型。

6.3.1.1　产业技术创新战略联盟成员评价指标体系的构建

"产业技术创新战略联盟成员的选择"从本质上讲就是技术合作创新伙伴的选择。国内外很多学者对"评价指标"或"合作伙伴选择的影响因素"进行了研究。杨建君等(2009)在借鉴前人研究成果的基础上,提出了一个由"基础技术能力"等13个一级指标、"技术实用性"等37个二级指标以及其他若干三级指标构成的三层评价指标体系。David Faulkner, John Child (1998) 认为合作伙伴的选择应考虑到合作伙伴间的协同优势或战略配合,战略配合意味着两个公司的核心能力具有很高的互补性,这为联盟的成功奠定了基础。此外,"信任""关系"等软性因素,也会对联盟的成功与否有着显著的影响。Michael D. Hutt (2000) 认为信任、关系承诺和兼容是影响联盟成员合作行为的三个重要因素。Brouthers K. D. 等(1995)通过对三家挪威公司的研究发现,伙伴选择的评判标准是声誉、业务相关性和创新资源互补性。Anette Bolstad,

第6章 产业技术创新战略联盟风险防控模型

Vidar Pedersen（2010）通过对全球48个股权合作项目和70个契约合作项目进行实证研究发现，影响合作项目绩效的主要因素为合作目标、伙伴间信任、资源和能力的互补性、知识产权保护以及文化差异等。Reshma H. Shah 和 Vanitha Swaminathan（2008）认为，企业在选择合作伙伴时应该考虑互补性、合作文化、合作目标和风险共担4个方面的因素。肖洪钧、袁钦华（2007）基于Delphi法构建了共包括31个二级指标的二层评价指标体系。王晓新等（2008）从合作伙伴的产权信誉、管理能力、资源能力、技术能力状况、兼容程度5个方面构建指标体系，并建立了合作伙伴评价的多层次优属度模型。

上述研究成果中存在一些明显不足，如指标个数太多，指标体系层次繁杂。指标个数太多，容易导致指标间的重复甚至冲突；指标层次繁杂，使得计算过程非常复杂。这些都将导致评价指标体系不甚合理，实用性差。基于以上分析，本书拟从"相容性""信誉""互补性"三个维度选取十余个指标来构建评价指标体系，这样在保证指标体系完备性和合理性的同时，能有效降低评价指标体系的繁杂层度，从而提高其实用性。

通过分析已有研究文献发现，联盟成员选择的主要影响因素是伙伴间信任、声誉、资源和能力的互补性以及文化差异等。综合以上因素，本书拟从"相容性""信誉""互补性"三个维度构建产业技术创新战略联盟成员评价指标体系。具体分析如下：

在进行联盟成员选择时，首先应考虑所选择的联盟各成员间是否具有合作的前提或基础，亦即"相容性"。联盟各成员是相互之间没有隶属关系的不同组织。这些联盟成员都有各自的合作目标、组织结构和组织文化，如果联盟各成员都按照各自的模式和习惯运作，这将给联盟运行管理带来困难。联盟各成员间的组织文化、技术能力、管理团队、合作目标的相容程度是联盟成员选择的重要因素。"联盟成员的合作目标"直接影响着联盟合作技术创新的效果，如果联盟各成员合作目标一致，多方的博弈可以看做静态博弈。由于联盟各成员清楚单靠任何一方的努力是无法实现创新目标的，所以，各方的最优选择就是共同努力，这样合作效果会很好；反之，目标不一致，比如一方合作目标是技术开发，而另一方是技术学习，则技术学习这一方将有明显的机会主义倾向，合作效果不会理想。在"行业地位"相容性方面，如果联盟各成员行业地位不相容，则行业地位较低一方将有被较高一方吞并的风险，很显然这不利于合作的顺利开展。在"联盟成员文化及管理体制"相容性方面，联盟成员文化或管理体制的冲突都会直接影响到联盟各成员间的有效沟通，这将不利于合作各方围绕创新目标建立各方共同认可的运作方式和舒畅的合作氛围，从而影响合作创新的效率。基于以上分析，本书选取"合作目标""企业文化""行业地位""管理体制"这四个指标衡量"相容性"这一维度。

联盟运行过程中，联盟成员的败德行为是大家最不愿看到的，所以我们在选择联盟成员时，也应考虑联盟成员是否具有较高的"信誉"。信誉是联盟各成员之间合作的基础，合作创新中的利益分配问题、知识产权问题以及合作关系维持问题都建立在合作双方良好信誉的基础上。根据相关研究文献，联盟成员的信誉可由三个方面来衡量，即"合作研发历史""银行信用"和"守法情况"。"合作研发历史"，通常认为具备较好合作研发历史和口碑的联盟成员在未来的合作中为保护自身的良好声誉，更有动机诚信合作。因此，我们可以根据候选伙伴的合作经验、曾表现出来的诚信及声誉，来预测其在未来的合作行为。由于目前国内外并没有建立起专门针对"企业合作信用"的评价制度和体系，所以没有现存数据（库）可以查询；相反的是，企业"银行信用"和"守法情况"有现存相关数据库可供查询。因此，在没有更好办法的情况下，我们可以用联盟成员的"银行信用"和"守法情况"两个指标代替"联盟成员的合作信用"，对联盟成员信誉进行评价。基于以上分析，本书选取"合作研发历史""银行信用""守法情况"来表征"信誉"这一维度。

在联盟成员选择时，我们还应考虑联盟各成员在技术创新能力和创新所需资源等方面是否具有互补性。企业之所以要选择合作创新，一个很重要的原因就是通过和别人合作，来弥补自己企业技术创新能力和资源的不足，从而达到成功创新的目的。如果联盟各成员技术创新能力和资源不能互补，那就失去了合作的意义。产业技术创新战略联盟内各成员间的"互补性"主要体现为技术创新资源和技术创新能力的互补性。技术创新资源贯穿于技术创新全过程，是联盟合作创新成功的重要保障。技术创新全过程分为实验室研发、生产试制、大批量生产和市场推广等阶段，技术创新活动全过程中任一阶段的失败，都会导致技术创新活动前功尽弃，因此我们必须全面考虑合作伙伴在技术创新各阶段的能力，即研发能力、生产制造能力和市场开发能力。基于以上分析，本书选取"创新资源""研发能力""生产制造能力""市场开发能力"四个指标衡量"互补性"这一维度。

综合上述分析,本书构建了一个包括"合作目标"等11个指标在内的指标体系,如图6-3所示。

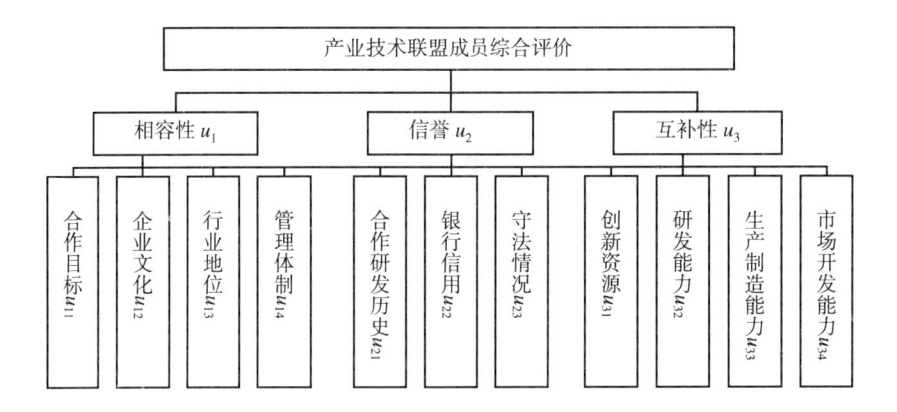

图6-3 产业技术创新战略联盟成员评价指标体系

6.3.1.2 基于多层次模糊综合评价的联盟成员选择模型

文献检索发现,目前国内外合作伙伴选择的方法主要有网络分析法(ANP)[1]、遗传算法[2]、神经网络法[3]、模糊

---

[1] Sheu Hua Chen, Pei Wen Wang, Chien Min Chen and Hong Tau Lee, "An Analytic Hierarchy Process Approach with Linguistic Variables for Selection of an R&D Strategic Alliance Partner," *Computers & Industrial Engineering*, 2010, 2 (58): 278 – 287; Wann Yih Wu, Hsi-An Shih, Hui-Chun Chan, "The Analytic Network Process for Partner Selection Criteria in Strategic Alliances," *Expert Systems with Applications*, 2009, 3 (36): 4646 – 4653; Sheu-Hua Chen, Hong-Tau Lee, Yi-fen Wu, "Applying ANP Approach to Partner Selection for Strategic Alliance," *Management Decision*, 2008, 46 (3): 449 – 465.

[2] 卢少华:《动态联盟合作伙伴的选择过程与方法》,《系统工程理论方法应用》2003年第12卷第2期,第102~105页;刘洪、方浩等:《动态联盟伙伴选择问题的混合计算方法》,《吉林大学学报》(信息科学版)2005年第23卷第2期,第184~189页;祁振华、张颖:《动态联盟中合作伙伴选择问题的研究》,《沈阳工业大学学报》2005年第27卷第1期,第111~114页。

[3] 陈维盛、刘艳斌:《企业动态联盟的伙伴选择》,《福州大学学报》(自然科学版)2005年第33卷第2期,第192~195页。

第6章 产业技术创新战略联盟风险防控模型

评价法[①]、灰色关联度法[②]以及粗糙集法[③]等。"联盟成员选择"问题会涉及多个指标,且这些指标通常难以量化,只能用模糊数来描述,因此在评价过程中需要选用定性和定量相结合的决策方法。"多层次模糊综合评价"是一种较好的多属性决策方法,比较适用于"联盟成员选择"问题,但该方法存在权重确定难的弊端[④]。基于以上分析,本书决定选用"多层次模糊综合评价"作为构建模型的基本方法,同时运用 Theil 不均衡指数[⑤]计算指标权重,以便克服"多层次模糊综合评价"所存在的"权重确定难"这一弊端。

(1) 基本假设。

假设1:通过初步筛选确定了 n 个联盟候选成员。

假设2:每个联盟候选成员对应 m 个评价指标。

假设3:评语集确定为 $V = (v_1, v_2, v_3, v_4, v_5)$。

假设4:聘请了 H 个专家,通过这些专家的评价,确定了联盟候选成员各评价指标的评价等级。

(2) 联盟成员选择。

①Theil 不均衡指数法确定指标权重。

---

① 朱旭霞、杨宁:《基于模糊层次分析的动态联盟伙伴选择策略》,《模具工业》2004年第9期,第19~21页;曾志斌、李言等:《动态联盟合作伙伴选择的多层次模糊综合评判方法》,《计算机工程与应用》2005年第17期,第218~220页。
② 刘琦、陈琼、韦司滢:《基于多层灰色关联度的知识联盟伙伴选择模型》,《华中科技大学学报》(自然科学版)2004年第32卷第7期,第54~56页。
③ 周庆敏、殷晨波:《虚拟企业伙伴选择的粗糙集方法》,《控制与决策》2005年第20卷第9期,第1047~1051页。
④ 李阳旭:《改进的模糊综合评判法在动态联盟合作伙伴选择中的应用研究》,《中国管理科学》2006年第10期专辑,第627~631页。
⑤ 赵红专、翟立新、李强:《公共科研机构绩效评价的指标与方法》,《科学学研究》2006年第1期,第85~90页。

第一步：将专家对于各指标的评价等级赋予相应分值，为 x_{ij}^k（很好→差五个等级，分别赋予 5→1），则可用 $\boldsymbol{X} = (x_{ij})_{m \times n}$ 表示每个联盟候选成员指标的最终评判值矩阵，相应的标准化矩阵为 $\boldsymbol{Y} = (y_{ij})_{m \times n}$。其中：

$$x_{ij} = \frac{\sum_{k=1}^{H} x_{ij}^k}{H} \quad (6-1)$$

$$y_{ij} = \frac{x_{ij}}{\sum_{j=1}^{n} x_{ij}} \quad (6-2)$$

式中，$i = 1, 2, \cdots, m$；$j = 1, 2, \cdots, n$；$k = 1, 2, \cdots, H$，后同。

第二步：引入 Theil 不均衡指数 $T = \frac{1}{n} \sum_{j=1}^{n} \frac{x_j}{\bar{x}} \log \frac{x_j}{\bar{x}}$，可以先后计算得到指标 i 的不均衡度和相对重要性，分别为

$$T_i = \log n + \sum_{j=1}^{n} y_{ij} \log y_{ij} \quad (6-3)$$

$$t_i = \frac{T_i}{\sum_{i=1}^{m} T_i} \quad (6-4)$$

第三步：根据 t_i，进行归一化处理后就可以计算得到二级指标（u_{11}）、一级指标（u_1），权重如下：

$$\omega_{11} = \frac{t_1}{(t_1 + t_2 + t_3)} \quad (6-5)$$

$$\omega_1 = \frac{(t_1 + t_2 + t_3)}{\sum_{i=1}^{m} t_i} \quad (6-6)$$

第6章 产业技术创新战略联盟风险防控模型

其他各二级指标、一级指标权重可用类似方法求得，此处不再赘述。

②对联盟候选成员 j（$j=1,2,\cdots,n$）进行模糊综合评价。

a. 确定二级指标的模糊变换矩阵。

我们以相容性（u_1）下的二级指标（u_{1i}）为例进行说明。综合专家对联盟候选成员 i 的二级指标（u_{1i}）的评价意见，可得模糊变换矩阵如下：

$$\boldsymbol{R}_1 = (r_{ij})_{n\times m} = \begin{bmatrix} r_{11} & r_{12} & \cdots & r_{15} \\ r_{21} & r_{22} & \cdots & r_{25} \\ \vdots & \vdots & & \vdots \\ r_{41} & r_{42} & \cdots & r_{45} \end{bmatrix}_{4\times 5} \quad (6-7)$$

用类似方法可以确定联盟候选成员 j 的其他二级指标的模糊变化矩阵。

b. 对联盟候选成员 i 的一级指标进行模糊综合评价。

鉴于单因素模糊评价只能反映一个因素对评价对象的影响，为了取得所有因素对评价对象的综合影响结果，需要进行综合评价，评价方法如下：

$$\begin{aligned}\boldsymbol{B}_1 &= \boldsymbol{WR} \\ &= (\omega_{11},\omega_{12},\cdots,\omega_{14})\cdot\begin{bmatrix} r_{11} & r_{12} & \cdots & r_{15} \\ r_{21} & r_{22} & \cdots & r_{25} \\ \vdots & \vdots & & \vdots \\ r_{41} & r_{42} & \cdots & r_{45} \end{bmatrix} \quad (6-8)\\ &= (\boldsymbol{B}_{11},\boldsymbol{B}_{12},\cdots,\boldsymbol{B}_{15})\end{aligned}$$

运用类似方法可以得到联盟候选成员 j 的其他一级指标的模糊综合评价向量 $\boldsymbol{B}_2$、$\boldsymbol{B}_3$。

c. 对联盟候选成员 j 进行模糊综合评价。

由式（6-8）可得联盟候选成员 i 的一级指标模糊变换矩阵如下：

$$B = \begin{bmatrix} B_{11} & B_{12} & \cdots & B_{15} \\ B_{21} & B_{22} & \cdots & B_{25} \\ B_{31} & B_{32} & \cdots & B_{35} \end{bmatrix} \quad (6-9)$$

由式（6-9）可得到该候选合作伙伴的模糊综合评价向量如下：

$$\begin{aligned} A^1 &= (w_1, w_2, w_3) \cdot \begin{bmatrix} B_{11} & B_{12} & \cdots & B_{15} \\ B_{21} & B_{22} & \cdots & B_{25} \\ B_{31} & B_{32} & \cdots & B_{35} \end{bmatrix} \quad (6-10) \\ &= (A_1, A_2, \cdots, A_5) \end{aligned}$$

重复以上步骤，可得其他联盟候选成员的模糊综合评价向量。

③对全部联盟候选成员综合比较，确定联盟正式成员。

显而易见，各联盟候选成员的模糊综合评价向量 A^j 不具可比性。为了消除这种"不可比性"，首先应给每个评价等级赋予相应的分值，分别为100、80、60、30和0；其次运用相应公式计算每个联盟候选成员的评价分值，具体公式如下：

$$F^j = A^j \cdot [100, 80, 60, 30, 0]^T \quad (6-11)$$

最后对各联盟候选成员的评价分值 F^j 进行比较，确定联盟正式成员。

以上就是本书所构建的"基于多层次模糊综合评价的联盟成员选择模型"。接下来，我们将通过数据仿真计算，以检验该模型的合理性。

6.3.1.3 数据仿真计算

假设某产业技术创新战略联盟发起单位为了研发新产品，打算在5个联盟候选成员中选择一家作为该产业技术创新战略联盟的新成员。下面运用"基于多层次模糊综合评价的联盟成员选择模型"对这5个联盟候选成员进行评价，以便帮助联盟发起单位从中挑选到最合适的联盟新成员。

该产业技术创新战略联盟发起单位聘用了10名专家，这10名专家分别对5个联盟候选成员的相应二级指标进行评价，其中联盟候选成员1的评价结果如表6-1所示。由于篇幅关系，其他候选企业的评价结果省略。

表6-1 候选联盟成员1的专家评价结果

一级指标	二级指标	专家人数					专家人数比重				
		很好	好	较好	一般	差	很好	好	较好	一般	差
相容性	合作目标	5	3	1	1	0	0.5	0.3	0.1	0.1	0
	企业文化	4	4	2	0	0	0.4	0.4	0.2	0	0
	行业地位	4	3	1	1	1	0.4	0.3	0.1	0.1	0.1
	管理体制	6	2	1	1	0	0.6	0.2	0.1	0.1	0
信誉	合作研发历史	5	3	1	0	1	0.5	0.3	0.1	0	0.1
	银行信用	5	3	1	1	0	0.5	0.3	0.1	0.1	0
	守法情况	4	4	2	0	0	0.4	0.4	0.2	0	0
互补性	研发资源	4	3	2	1	0	0.4	0.3	0.2	0.1	0
	研发能力	5	3	1	1	0	0.5	0.3	0.1	0.1	0
	生产制造能力	4	3	1	1	1	0.4	0.3	0.1	0.1	0.1
	市场开发能力	5	2	2	1	0	0.5	0.2	0.2	0.1	0

（1）运用Theil不均衡指数，计算得到一、二级指标权重。

①确定联盟候选成员的最终评判值矩阵及标准化矩阵。

首先,根据专家评价结果计算联盟各候选成员各评价指标的综合评分,如第一个候选成员的第一个指标("合作目标")的综合评分为

$$x_{11} = 5 \times 0.5 + 4 \times 0.3 + 3 \times 0.1 + 2 \times 0.1 = 4.2$$

同理,可以计算出其他各候选成员相应指标的综合评分。

其次,根据式(6-1)和式(6-2)可以先后计算出联盟候选成员的最终评判值矩阵及其标准化矩阵:

$$x_{ij} = \begin{bmatrix} 4.2 & 4.7 & \cdots & 4 \\ 4.2 & 4.4 & \cdots & 3.9 \\ \vdots & \vdots & & \vdots \\ 4.1 & 4.2 & \cdots & 4.1 \end{bmatrix}_{11 \times 5}$$

$$y_{ij} = \begin{bmatrix} 0.200 & 0.224 & \cdots & 0.194 \\ 0.203 & 0.208 & \cdots & 0.193 \\ \vdots & \vdots & & \vdots \\ 0.210 & 0.215 & \cdots & 0.195 \end{bmatrix}_{11 \times 5}$$

②计算各指标的不均衡度 T_i 和重要度 t_i。

根据式(6-3),可得指标 u_{11} 不均衡度 T_1 为

$$T_1 = \log 5 + \sum_{j=1}^{5} y_{1j} \log y_{ij} = 0.003$$

同理,可以计算得到其他 T_i ($i = 2, 3, \cdots, 11$)。

又据式(6-4),可得 t_1

$$t_1 = \frac{0.003}{\sum\limits_{i=1}^{11} T_i} = 0.102$$

同理,可得其他指标的重要度 t_i ($i = 2, 3, \cdots, 11$)。

第6章 产业技术创新战略联盟风险防控模型

③确定各二级指标和一级指标权重。

根据式（6-5），可得二级指标 u_{11} 权重 ω_{11}：

$$\omega_{11} = \frac{0.102}{(t_1 + t_2 + t_3 + t_4)} = 0.33$$

同理，可得其他二级指标权重。

又根据式（6-6），可得一级指标 u_1 权重 ω_1：

$$\omega_1 = \frac{0.33}{(\omega_{11} + \omega_{12} + \omega_{13})} = 0.31$$

同理，可得其他一级指标权重。

通过以上步骤计算得到的各二级指标和一级指标权重如表 6-2 所示。

表 6-2 一、二级指标权重

一级指标	权重	二级指标	权重
相容性	0.31	合作目标	0.33
		企业文化	0.19
		行业地位	0.22
		管理体制	0.26
信誉	0.35	合作研发历史	0.46
		银行信用	0.35
		守法情况	0.19
互补性	0.34	研发资源	0.24
		研发能力	0.28
		生产制造能力	0.27
		市场开发能力	0.21

（2）确定各候选成员模糊综合评价向量。

根据式（6-7）~式（6-10），可得各候选成员的模糊综合评价向量为：

$$\begin{bmatrix} A_1 \\ A_2 \\ A_3 \\ A_4 \\ A_5 \end{bmatrix} = \begin{bmatrix} 0.472 & 0.297 & 0.128 & 0.071 & 0.032 \\ 0.481 & 0.319 & 0.119 & 0.035 & 0.046 \\ 0.421 & 0.236 & 0.141 & 0.071 & 0.031 \\ 0.402 & 0.355 & 0.146 & 0.055 & 0.042 \\ 0.411 & 0.289 & 0.204 & 0.049 & 0.047 \end{bmatrix}$$

（3）对各候选成员综合比较，确定最佳成员。

根据式（6-11），可得各候选企业评分：

$$[F^1 \quad F^2 \quad F^3 \quad F^4 \quad F^5]^T = [80.77 \quad 83.41 \quad 74.57 \quad 79.01 \quad 77.93]^T$$

由于联盟候选成员 2 的评分为 83.41，在所有联盟候选成员中评分最高，所以最终应该选择联盟候选成员 2 作为该联盟的新成员。

6.3.2 产业技术创新战略联盟利益分配机制

产业技术创新战略联盟风险的有效防范和控制，离不开一套科学和完善的联盟治理机制。联盟中各成员加入产业技术创新战略联盟的根本动机在于通过加入联盟获得更多的利益。因此，联盟治理机制的核心组成部分之一就是利益分配机制。建立一套科学、完善的产业技术创新战略联盟利益分配机制，将对我国产业技术创新战略联盟的高效、持续发展，以及有效防控相关风险有着明显的理论价值和实践意义。

尽管国内外直接针对产业技术创新战略联盟利益分配模型的专门研究还比较少见，但对于战略联盟利益分配问题的研究并不算少。这些研究为本书探讨产业技术创新战略联盟利益分配机制提供了很好的借鉴。但不可否认的是，现有研究成果中也存在着一些不足，如"定性研究较多，定量研究较少""忽略了联盟利益分配的复杂性和动态性"等。鉴于此，本书将在广泛借鉴已有研究的基础上，结合产业技术创新战略联盟的特点，通过综合应用博弈论、模糊评价法、AHP等理论和方法，尝试提出产业技术创新战略联盟利益分配机制。

6.3.2.1 产业技术创新战略联盟利益分配的特点

产业技术创新战略联盟是由产、学、研多方为实现产业共性技术创新而成立的一种技术联盟，它有别于一般的战略联盟。因此我们在建立产业技术创新战略联盟利益分配机制的时候，务必正确分析和理解产业技术创新战略联盟利益分配与一般企业内部或者一般战略联盟利益分配的差异。产业技术创新战略联盟的利益分配具有"复杂性""协商性""动态性"三个特征。

首先，产业技术创新战略联盟利益分配具有"复杂性"。管理学中通常把联盟成员间资金、技术和人才等方面的差距称为势差。产业技术创新战略联盟成员间存在势差是联盟成立并保持稳定的必要前提。势差的存在让联盟各方可以通过优势互补、资源共享产生协同效应，实现联盟目标。具体到产业技术创新战略联盟而言，就是联盟中"学"方和"研"方拥有人才、科研设备、知识和技术方面的优势，而"产"方则拥有市场资金、营销渠道和管理方面的优势。产业技术创新战略联盟中产、学、研各方自身的存在优势往往不为对方所拥有。相对于一般的战略联盟而言，产、学、研各方的核心能力存在着明显的差异，即产业技术创新战略联盟内部较一般战略联盟内部存在着更大的势差。因此，产业技术创新战略联盟内产、学、研各方投入资源的方式会各不相同,"学"方和"研"方主要投入的是评估相对复杂的无形资产,而"产"方主要投入评估相对简单的有形资产。正是因为无形资产评估的相对复杂性,导致在评价学、研方对联盟的贡献时将会出现较大的分歧,进而导致产业技术创新战略联盟的利益分配变得较为复杂。

其次,产业技术创新战略联盟利益分配具有"协商性"。产业技术创新战略联盟内产、学、研各方是合作伙伴关系,不存在法律上的隶属关系,也不存在绝对的谁指挥谁的关系,因此,产业技术创新战略联盟中利益分配方案的制订往往都需要经过联盟内产、学、研各方的协商和谈判。最终确定的利益分配方案应得到产业技术创新战略联盟内各方的认可。

最后,产业技术创新战略联盟利益分配具有"动态性"。一个具体的利益分配方案,是在一定假设条件下,产业技术创新战略联盟成员共同协商的结果。这些假设条件可能会随时间的变化而变化,这种变化将导致产业技术创新战略联盟制定的初始分配方案变得不再合理,从而需要调整和修改,以保证利益分配的合理性。以上这种调整和修改即为联盟利益分配的"动态性"。

6.3.2.2 产业技术创新战略联盟利益分配的基本原则

制定一个科学、合理的产业技术创新战略联盟利益分配机制,一个必要的前提就是在联盟分配机制制定过程中坚持正确的利益分配指导原则。在制定产业技术创新战略联盟分配机制过程中,应当坚持如下原则:

(1) 平等原则。

一方面,产业技术创新战略联盟成员在联盟中的地位应是平等的，每个联盟成员的利益在联盟内都应得到同等的重视，这样才不会影响联盟成员投入联盟合作的积极性。另一方面，因为联盟成员的根本目的是获取利益，他们对联盟利益分配的公平性非常敏感，所以，在产业技术创新战略联盟运行过程中，联盟成员因为利益分配问题起纠纷是再正常不过的事情。出现纠纷并不可怕，关键是出现纠纷时，联盟各方应本着"实事求是"和"平等"的原则，通过充分协商来解决问题，而不是"一股独大"，采用一家之言。

（2）互惠互利原则。

产业技术创新战略联盟的实质是产、学、研各方通过联盟这种组织形式进行产业共性技术的合作创新，最终达到联盟各成员互惠互利的目的。"互惠互利"原则可以分别从产业技术创新战略联盟整体和联盟成员个体两个不同的角度去思考。一方面，"互惠互利"原则从联盟整体角度来讲，是指良好的利益分配方案，可以有效调动联盟成员的积极性，从而保障联盟的健康和稳定运行，进而实现联盟整体利益（或效用）最大化。另一方面，"互惠互利"原则从联盟成员个体来讲，是指良好的利益分配方案，应能保证联盟成员参加联盟相比不参加联盟能得到更高的收益，也就是在考虑机会成本的情况下，保证联盟各成员参加联盟是有利可图的。

（3）利益与投入、风险相匹配原则。

利益与投入、风险相匹配原则是指产业技术创新战略联盟内各成员所分配到的利益应与其投入的资源成正比，也应与其所承担的风险成正比。

首先，产业技术创新战略联盟内各成员所得到的利益应与其自身所投入联盟中的资源成正比。这里的资源分为有形资产（如资金、人才和生产线等）和无形资产（如品牌、专利技术等）。保证"联盟成员利益"和"联盟成员投入"相匹配的关键在于对各成员投入的资源进行科学评估，特别是无形资产的科学评估。实际操作中可以考虑将联盟成员投入的各项资源折算成等值现金，并根据各项资源折算现金总和判断该成员的资源投入量。将资源折算为等值现金的方法为：物资装备按照折旧折算成现金，人力资源按照其工资折算成现金，专利技术的折算最为复杂，可以通过谈判协商的方式予以确定。

其次，产业技术创新战略联盟内成员所得到的利益应与其自身在联盟中所承担的风险成正比。由于产业技术创新战略联盟所从事的是高风险的产业共性技术创新活动，加之存在着跨组织合作，所以产业技术创新战略联盟运营过程中将不可避免地面对技术风险、市场风险和关系风险等。这些风险虽然是由联盟成员共同承担，但联盟成员承担风险的比例大小并不一样。按照常理，谁承担的风险大，谁就应该得到更多利益上的照顾，也就是利益与风险相匹配。

利益与投入、风险相匹配原则可以由式（6-12）定量描述。

$$S_i = \left[\frac{f_i(I_i, R_i)}{\sum_{i=1}^{n} f_i(I_i, R_i)} \right] \cdot S \qquad (6-12)$$

其中，$f_i(I_i, R_i) = \omega I_i + (1-\omega) R_i$；$S$、$S_i$ 分别表示联盟的整体收益和联盟成员 i 所分配的收益；I_i、R_i 分别表示联盟

成员 i 投入的资源价值和为联盟活动所承担的风险价值；ω 表示"资源投入"和"风险承担"对于联盟收益的相对贡献。

6.3.2.3 产业技术创新战略联盟利益分配模式分析与选择

在战略联盟等跨组织利益分配实践中，通常有三种利益分配模式可供选择。具体内容如下：

1. 固定支付模式

（1）基本内容：固定支付模式是指联盟中联盟核心成员综合考虑其他非核心成员对联盟所做出的贡献，如资源投入等，按照事先签订的合同支付其他非核心成员固定的报酬，而核心成员则得到联盟总收益扣除掉其他非核心成员固定报酬后的剩余部分。"一次性付清"和"分期付清"是"固定支付模式"两种最常见的操作方式。

（2）优点：简单，易操作。

（3）缺点：很难体现"风险分担、利益共享"的原则，不能有效激励联盟的非核心成员，势必会降低联盟的运行效率和增大联盟运行的风险。

2. 提成支付模式

（1）基本内容：提成支付模式是指联盟内各成员商定好一个分配比例，并在利益分配时按照这个事先商定好的分配比例进行分配。联盟各成员的利益分配比例系数的高低由盟成员相互协商确定，通常与联盟成员提供资源的多少、努力水平和核心能力水平的高低有关。"按产值提成""按销售额提成""按利润提成"是提成支付模式的三种操作方式。但在具体实践中，"按产值提成"很少被采用，主要原因在于：在市场经济条件下，联盟经济效益好坏的关键在于"利润"而非"产值"，如果按照产值进行分配，将不利于对联盟成员的激励。按利润提成应是一种比较合理的利益分配方式，但实际操作起来也有一定的困难，因为准确计算联盟利润并非易事。综合比较而言，"按销售额提成"是一种兼具"合理性"和"可操作性"的提成支付模式。主要原因是：①销售额是联盟各方能较准确掌握的核算指标，可操作性强；②在通常市场条件下，销售额与利润成正比，因此销售额也能体现联盟经济效益的好坏；③销售额是联盟技术创新活动效果好坏的真实反映，因而按销售额提成比较符合市场运行的规律。总而言之，在联盟技术创新成果商业化后，按照"销售额提成"在联盟成员间进行利益分配，能够实现联盟成员间的风险共担和利益共享，这将有利于联盟目标的顺利达成。

（2）优点：体现了"风险分担、利益共享"的原则，能对联盟各成员起到有效的激励作用，从而在一定程度上提高联盟运行的绩效和降低联盟运行的风险。

（3）缺点：一个合理的利益分配比例系数通常难以确定。主要原因在于，联盟成员对于联盟的贡献难以量化评价。

3. 混合支付模式

（1）基本内容：混合支付模式是指联盟中发起方（通常是企业）在组建联盟时首先支付一定金额给加入联盟的一般成员（通常是大学或科研院所），然后等联盟见到效益后再按照提成支付的方式支付给联盟一般成员一定的利益。混合支付模式从本质上讲，就是固定支付模式和提成支付模式的有机结合。目前国外使用最广泛的利益分配方式是入门费+销售额提成。

（2）优点：既体现了"风险分担、利益共享"原则，又能减轻"报酬支付"对联盟发起方的资金占用。

（3）缺点：相对复杂。

通过以上对于三种联盟利益分配方式的分析，不难发现，三种分配方式各有优劣。结合产业技术创新战略联盟的特点，本书决定采用"提成支付模式"这一利益分配方式对产业技术创新战略联盟的利益分配机制展开研究。

6.3.2.4 产业技术创新战略联盟利益分配机制设计[①]

在分配标的（如联盟销售利润）既定的前提下，产业技术创新战略联盟内制定一个合理的利益分配机制的关键在于确定联盟各成员的利益分配比例。鉴于此，本书将利益分配机制研究的重点放在联盟各成员利益分配比例的确定上。本书中产业技术创新战略联盟利益分配机制设计共分为三个步骤：首先，在一定的假设条件下通过数学模型确定联盟各成员利益分配的初始比例；其次，通过联盟内的集体协商机制，对利益分配的初始比例进行调整，确定正式的利益分配比例；最后，将前面所确定的利益分配比例写进合同，作为日后联盟进行利益分配的依据。

---

① 雷永（2008）对产学研联盟利益分配机制做了研究，这为本书的相应研究提供了很好的借鉴。但其研究仅限于联盟只有两个成员的情况，存在着很明显的局限性。因此本书将联盟成员拓展到 n 个，使得相应研究结论更加适用于"产业技术创新战略联盟"的利益分配。

(1) 产业技术创新战略联盟利益分配初始比例的确定。

①基本假定。

为了构建"确定联盟利益分配初始比例"的数学模型，我们在充分考虑产业技术创新战略联盟特点的基础上，做出了以下假定：

假定1：产业技术创新战略联盟内共有 n 个成员，联盟内各成员的地位是平等的。

假定2：设 e_i、a_i、β_i 和 $C_i(i=1,2,\cdots,n)$ 分别表示联盟的第 i 个成员在联盟合作中的真实努力水平、成本系数、对联盟收益的相对贡献以及所付出的成本；联盟成员 i 参加联盟的成本函数记为 $C_i = C_i(e_i, a_i)$，且 $\frac{\partial C_i}{\partial e_i} > 0, \frac{\partial^2 C_i}{\partial e_i^2} > 0$。在不失一般性的前提下，为了研究方便，我们进一步假定成本函数 $C_i = C_i(e_i, a_i)$ 的具体函数形式为

$$C_i = C_{i0} + 0.5(a_i e_i)^2, (i=1,2,\cdots,n) \quad (6-13)$$

其中，C_{i0} 表示联盟成员 i 参加联盟合作付出的物质性成本；$0.5(a_i e_i)^2$ 表示联盟成员 i 参加联盟合作付出的非物质性成本，如智力资源的投入等，通常与其在联盟合作中的真实努力水平 e_i 有关；联盟成员 i 的总成本 C_i 与真实努力水平 e_i 的变动关系可由图6-4中的曲线表示。

假定3：设产业技术创新战略联盟可供分配的利益为 R，且 R 与产业技术创新战略联盟各成员的努力水平有关，可由函数 $R = (\beta_1 e_1, \beta_2 e_2, \cdots, \beta_n e_n)$ 表示，通常 R 的一阶导数大于0且二阶导数等于0。在不改变问题本质的前提下，为了研究方

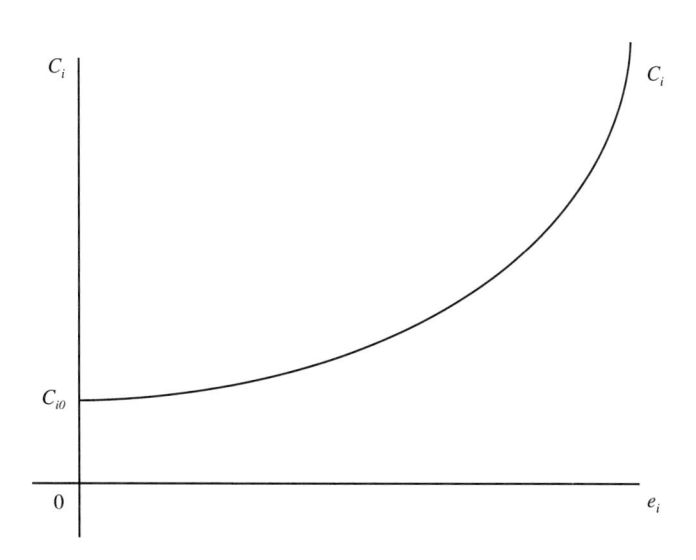

图 6-4　产业技术创新战略联盟成员 i 成本曲线

便，我们进一步假定联盟可供分配收益的具体函数形式为

$$R = (\beta_1 e_1, \beta_2 e_2, \cdots, \beta_n e_n) = \sum_{i=1}^{n} \beta_i e_i + \theta \qquad (6-14)$$

其中，θ 表示外生随机变量对于联盟可供分配利益所产生的影响，如市场变化对联盟可供分配利益产生的影响等，θ 服从均值为 0、方差为 σ^2 的正态分布。

假定 4：设 $S_i(i=1,2,\cdots,n)$ 表示联盟成员 i 在联盟内的利益分配比例，且 $\sum_{i=1}^{n} S_i = 1$，则联盟成员 i 在联盟所分配到的利益为

$$R_i = S_i \cdot R \qquad (6-15)$$

联盟成员 i 参加联盟合作所得到的净利润为

$$\pi_i = R_i - C_i \qquad (6-16)$$

联盟整体的净利润为

$$\pi = R - \sum_{i=1}^{n} C_i \qquad (6-17)$$

假定 5：设联盟成员 i 的保留收益为 π_{i0}。联盟成员的保留收益，即联盟成员参加联盟的机会成本，是联盟各成员参加联盟的底线。如果某联盟成员从联盟所分配到的利益小于保留收益，该联盟成员将不会考虑参加联盟。

②模型构建和求解。

在产业技术创新战略联盟各方进行利益分配方案谈判时，应达到的最终目标是联盟整体利益的最大化。但由于"有限理性"的存在，联盟各方首先关心的是，如何通过谈判实现自身利益最大化，因此，实现联盟整体利益最大化的前提条件就是首先实现联盟成员个体利益的最大化。故本书认为联盟利益分配方案博弈应该分为两个阶段：首先，联盟成员个体利益的最大化；其次，联盟成员个体利益最大化前提下的联盟整体利益的最大化。基于以上分析，本书构建了联盟利益分配的数学模型，并通过该模型求解联盟博弈均衡时的利益分配系数。

产业技术创新战略联盟利益分配的数学模型是一个两阶段模型。

首先是联盟成员个体利益最大化的数学模型，具体如下：

$$\begin{cases} \max E(\pi_i) = E(R_i) - C_i \\ \text{s.t.} \ E(\pi_i) \geq \pi_{i0}, i = 1, 2, \cdots, n \end{cases} \qquad (6-18)$$

将式 (6-13)、式 (6-14) 代入式 (6-18)，可以得到

$$\begin{cases} \max E(\pi_i) = E(R_i) - C_i \\ \qquad\quad = S_i \cdot \sum_{i=1}^{n} \beta_i e_i - C_{i0} - 0.5(a_i e_i)^2 \\ \text{s.t. } E(\pi_i) \geq \pi_{i0}, i = 1, 2, \cdots, n \end{cases} \quad (6-19)$$

根据式（6-19），$E(\pi_i)$ 对 $e_i(i = 1, 2, \cdots, n)$ 分别求一阶导数可得

$$\frac{\partial E(\pi_i)}{\partial e_i} = S_i \beta_i - a_i^2 e_i \quad (6-20)$$

当 $\dfrac{\partial E(\pi_i)}{\partial e_i} = 0$，即 $S_i \beta_i - a_i^2 e_i = 0$ 时，可以求得

$$e_i^* = \frac{S_i \beta_i}{a_i^2} \quad (6-21)$$

当 $i = n$ 时，$e_n^* = \dfrac{(1 - \sum\limits_{i=1}^{n-1} S_n)\beta_n}{a_n^2}$。

根据以上求解过程不难发现，实现联盟成员个体利益最大化时，联盟成员 i 的努力水平为 e_i^*。

其次，在联盟成员实现个体利益最大化的前提下，求解使得联盟整体利益最大化的联盟成员利益分配系数 S_i^*。

首先，构建利益分配系数 S_i^* 的求解模型如下：

$$\begin{cases} \max E(\pi) = E(R) - \sum_{i=1}^{n} C_i \\ \text{s.t. } E(\pi_i) \geq \pi_{i0}, i = 1, 2, \cdots, n \end{cases} \quad (6-22)$$

联盟净利润期望值可以表示为

$$E(\pi) = \sum_{i=1}^{n} \beta_i e_i - \sum_{i=1}^{n} C_{i0} - 0.5 \sum_{i=1}^{n} (a_i e_i)^2 \quad (6-23)$$

将式（6-23）分别对 $S_i(i = 1, 2, \cdots, n)$ 求偏导得

$$\begin{cases} \dfrac{\partial \pi}{\partial S_1} = \dfrac{\partial \pi}{\partial e_1} \cdot \dfrac{\partial e_1}{\partial S_1} + \dfrac{\partial \pi}{\partial e_2} \cdot \dfrac{\partial e_2}{\partial S_1} + \cdots + \dfrac{\partial \pi}{\partial e_n} \cdot \dfrac{\partial e_n}{\partial S_1} \\ \dfrac{\partial \pi}{\partial S_2} = \dfrac{\partial \pi}{\partial e_1} \cdot \dfrac{\partial e_1}{\partial S_2} + \dfrac{\partial \pi}{\partial e_2} \cdot \dfrac{\partial e_2}{\partial S_2} + \cdots + \dfrac{\partial \pi}{\partial e_n} \cdot \dfrac{\partial e_n}{\partial S_2} \\ \qquad\qquad\qquad\qquad\qquad \vdots \\ \dfrac{\partial \pi}{\partial S_n} = \dfrac{\partial \pi}{\partial e_1} \cdot \dfrac{\partial e_1}{\partial S_n} + \dfrac{\partial \pi}{\partial e_2} \cdot \dfrac{\partial e_2}{\partial S_n} + \cdots + \dfrac{\partial \pi}{\partial e_n} \cdot \dfrac{\partial e_n}{\partial S_n} \end{cases} \quad (6-24)$$

将式（6-24）整理后可得

$$\begin{cases} \dfrac{\partial \pi}{\partial S_1} = (\beta_1 - a_1^2 e_1) \cdot \dfrac{\beta_1}{a_1^2} - (\beta_n - a_n^2 e_n) \cdot \dfrac{\beta_n}{a_n^2} \\ \dfrac{\partial \pi}{\partial S_2} = (\beta_1 - a_1^2 e_1) \cdot \dfrac{\beta_1}{a_1^2} - (\beta_n - a_n^2 e_n) \cdot \dfrac{\beta_n}{a_n^2} \\ \qquad\qquad\qquad\qquad \vdots \\ \dfrac{\partial \pi}{\partial S_{n-1}} = (\beta_{n-1} - a_{n-1}^2 e_{n-1}) \cdot \dfrac{\beta_{n-1}}{a_{n-1}^2} - (\beta_n - a_n^2 e_n) \cdot \dfrac{\beta_n}{a_n^2} \\ \dfrac{\partial \pi}{\partial S_n} = (\beta_n - a_n^2 e_n) \cdot \dfrac{\beta_n}{a_n^2} \end{cases} \quad (6-25)$$

将 $e_i^* = \dfrac{S_i \beta_i}{a_i^2} (i = 1, 2, \cdots, n-1)$ 和 $e_n^* = \dfrac{(1 - \sum\limits_{i=1}^{n-i} S_n) \beta_n}{a_n^2}$ 代入式（6-25）并令其等于 0，可得

$$\begin{cases} -\dfrac{\beta_1^2}{a_1^2} \cdot S_1 + \dfrac{\beta_n^2}{a_n^2} S_n = -\dfrac{\beta_1^2}{a_1^2} + \dfrac{\beta_n^2}{a_n^2} \\ -\dfrac{\beta_2^2}{a_2^2} \cdot S_2 + \dfrac{\beta_n^2}{a_n^2} S_n = -\dfrac{\beta_2^2}{a_2^2} + \dfrac{\beta_n^2}{a_n^2} \\ \qquad\qquad\qquad \vdots \\ -\dfrac{\beta_{n-1}^2}{a_{n-1}^2} \cdot S_2 + \dfrac{\beta_n^2}{a_n^2} S_n = -\dfrac{\beta_{n-1}^2}{a_{n-1}^2} + \dfrac{\beta_n^2}{a_n^2} \\ S_1 + S_2 + \cdots + S_{n-1} = \dfrac{1 - \beta_n}{\beta_n} \end{cases} \quad (6-26)$$

第 6 章 产业技术创新战略联盟风险防控模型

以上方程组可以转化为

$$\begin{bmatrix} -\dfrac{\beta_1^2}{a_1^2} & 0 & \cdots & \dfrac{\beta_n^2}{a_n^2} \\ 0 & -\dfrac{\beta_2^2}{a_2^2} & \cdots & \dfrac{\beta_n^2}{a_n^2} \\ \vdots & \vdots & \vdots & \vdots \\ 0 & 0 & -\dfrac{\beta_{n-1}^2}{a_{n-1}^2} & \dfrac{\beta_n^2}{a_n^2} \\ 1 & 1 & \cdots & 0 \end{bmatrix} \cdot \begin{bmatrix} S_1 \\ S_2 \\ \vdots \\ S_{n-1} \\ S_n \end{bmatrix} = \begin{bmatrix} -\dfrac{\beta_1^2}{a_1^2} + \dfrac{\beta_n^2}{a_n^2} \\ -\dfrac{\beta_2^2}{a_2^2} + \dfrac{\beta_n^2}{a_n^2} \\ \vdots \\ -\dfrac{\beta_{n-1}^2}{a_{n-1}^2} + \dfrac{\beta_n^2}{a_n^2} \\ \dfrac{1-\beta_n}{\beta_n} \end{bmatrix} \quad (6-27)$$

由式（6-27）可以解得联盟利益分配比例系数向量 $\boldsymbol{S}^*$ 为

$$\boldsymbol{S}^* = [S_1^*, S_2^*, \cdots, S_n^*]^T =$$

$$\begin{bmatrix} -\dfrac{\beta_1^2}{a_1^2} & 0 & \cdots & \dfrac{\beta_n^2}{a_n^2} \\ 0 & -\dfrac{\beta_2^2}{a_2^2} & \cdots & \dfrac{\beta_n^2}{a_n^2} \\ \vdots & \vdots & \vdots & \vdots \\ 0 & 0 & -\dfrac{\beta_{n-1}^2}{a_{n-1}^2} & \dfrac{\beta_n^2}{a_n^2} \\ 1 & 1 & \cdots & 0 \end{bmatrix}^{-1} \cdot \begin{bmatrix} -\dfrac{\beta_1^2}{a_1^2} + \dfrac{\beta_n^2}{a_n^2} \\ -\dfrac{\beta_2^2}{a_2^2} + \dfrac{\beta_n^2}{a_n^2} \\ \vdots \\ -\dfrac{\beta_{n-1}^2}{a_{n-1}^2} + \dfrac{\beta_n^2}{a_n^2} \\ \dfrac{1-\beta_n}{\beta_n} \end{bmatrix} \quad (6-28)$$

（2）联盟利益分配最终比例的确定。

通过以上定量分析，可以得到联盟利益分配的初始比例。在此基础上，联盟各方通过集体协商机制，对以上利益分配初始比例进行调整，从而得到联盟利益分配的最终比例，记为 $\boldsymbol{S}_{adjust}^*$。

$$\boldsymbol{S}_{adjust}^* = [S_1^* + S_{10}, S_2^* + S_{20}, \cdots, S_n^* + S_{n0}]^T$$

其中，$S_{i0}(i=1,2,\cdots,n)$ 表示联盟成员 i 的利益分配比例调整量，且 $\sum_{i=1}^{n} S_{i0} = 0$。

(3) 联盟利益分配比例的契约化。

将上一步所确定的联盟利益分配最终比例写进联盟的合作契约里面，作为日后联盟各方进行利益分配的依据。

以上三步构成一个完整的利益分配比例系数确定过程。产业技术创新战略联盟可以通过执行该过程，从而确定一个合理的利益分配比例系数。如果条件改变，可能需要重复执行该过程，以确定新条件下合理的利益分配比例系数。

6.3.3 产业技术创新战略联盟激励与约束机制

6.3.3.1 建立激励与约束机制的必要性分析

在 6.3.2 小节中，通过联盟利益分配机制的研究，确定产业技术创新战略联盟各成员的利益分配系数。从理论上讲，以"利益分配系数"为核心的联盟利益分配机制能够保障联盟各成员全力投入产业技术创新战略联盟的合作创新中。但从现实状况来讲，一方面，由于产业技术创新战略联盟内"有限理性"的存在将会导致联盟各成员既不可能在事前把全部合作细节契约化，也不可能预测未来合作过程中可能发生的各种意外事件，因此，这种事先确定的联盟利益分配方案具有一定的不完全性。另一方面，由于产业技术创新战略联盟内信息交流机制的不完善，产生"信息不对称"问题，进而导致联盟内各成员存在一定的机会主义倾向。

正是以上所分析的"合作前联盟利益分配方案的不完全

性"和"合作中联盟内机会主义的存在",导致"仅仅通过联盟利益分配机制来保障联盟的有效运行"是不够的,必须在产业技术创新战略联盟合作过程中通过引入激励和约束机制,去激励联盟各成员做出对联盟有利的行为,去约束和限制联盟成员做出对联盟有负面影响的行为,最终保障产业技术创新战略联盟的稳定运行和联盟目标的充分实现。

6.3.3.2 产业技术创新战略联盟激励机制设计

本书中产业技术创新战略联盟激励机制设计的内容具体包括激励主体和客体的确定、激励目标的设定以及具体激励措施的设计等。

(1) 激励主体和客体的确定。

管理学中的"激励",是指激励主体通过采取一定的激励措施来引导激励客体完成既定目标。随着"激励"相关理论的发展,激励主体已从最初的雇主抽象为委托人,相应地激励客体从最初的蓝领工人抽象为代理人。

对于本书所研究的产业技术创新战略联盟而言,激励主体一般是联盟管理机构,如联盟理事会,而激励客体一般是联盟内的成员单位,有可能是企业,也有可能是联盟内的大学和科研机构。需要特别说明的是,由于本书是站在联盟整体角度研究风险,所以,"如何对联盟各成员单位的员工进行激励"不在本书的研究范围内。

(2) 激励目标的设定。

结合产业技术创新战略联盟的运行特征,本书将联盟激励目标设定为:通过采取一系列的激励措施和手段,调动联盟成员的主观能动性,有效避免因"信息不对称和机会主义行为"

而可能引发的道德风险等，最终达到"保障产业技术创新战略联盟稳定和高效运行"的目标。

（3）具体激励措施的设计。

①物质激励措施。

按照式（6-23），联盟的总利润函数的期望值可以表达为

$$E(\pi) = \sum_{i=1}^{n} E(\pi_i) = \sum_{i=1}^{n} \beta_i e_i - \sum_{i=1}^{n} C_{i0} - 0.5 \sum_{i=1}^{n} (a_i e_i)^2$$

显然，联盟利润期望值的大小与联盟各成员的努力水平有关。

将联盟利润期望值 $E(\pi)$ 分别对联盟各成员的努力水平 e_i 求偏导可得

$$\begin{cases} \dfrac{\partial E(\pi)}{\partial e_1} = \beta_1 - a_1^2 e_1 \\ \dfrac{\partial E(\pi)}{\partial e_2} = \beta_2 - a_2^2 e_2 \\ \quad\quad\quad \vdots \\ \dfrac{\partial E(\pi)}{\partial e_n} = \beta_n - a_n^2 e_n \end{cases}$$

根据以上各偏导数，可以求得联盟达到最优（即实现利润最大化）时，联盟各成员的努力水平应为

$$e_i^{**} = \frac{\beta_i}{a_i^2}$$

该努力水平 e_i^{**} 和 6.3.2 小节中所计算得到的，即联盟达到一般纳什均衡水平的 $e_i^* = \dfrac{S_i \beta_i}{a_i^2}$ 显然不一致，而且 $e_i^{**} \geqslant e_i^*$，这说明仅仅通过合理的利益配置机制并不能使联盟达到利润最大化，因此，在建立合理利益分配机制的基础上，还需进一步

第6章 产业技术创新战略联盟风险防控模型

通过物质激励等手段将联盟各成员的努力水平由 e_i^* 提高到 e_i^{**}，进而实现联盟利润最大化。

接下来，本书将讨论如何通过物质激励提高联盟成员的努力水平，进而实现联盟利润最大化。

对于联盟成员而言，有效的物质激励至少应满足以下两个条件：第一，联盟各成员得到的物质激励是公平的；第二，联盟成员得到的物质激励必须大于或等于联盟成员因提高努力水平而增加的个体成本。

第 i 个联盟成员的努力水平由 e_i^* 提高到 e_i^{**}，而引起的成本增加量为

$$\Delta C_i = C_i(e_i^{**}) - C_i(e_i^*) = 0.5 a_i^2 [(e_i^{**})^2 - (e_i^*)^2] \quad (6-29)$$

当联盟各成员努力水平由 e_i^* 提高到 e_i^{**} 时，联盟整体的期望利润变化量可以表示为

$$\Delta E(\pi) = E(\pi)_{e_i^{**}} - E(\pi)_{e_i^*}$$
$$= \sum_{i=1}^{n} \beta_i (e_i^{**} - e_i^*) - 0.5 \sum_{i=1}^{n} a_i^2 [(e_i^{**})^2 - (e_i^*)^2]$$

$$(6-30)$$

如果在联盟内按照联盟成员所做出的贡献大小，对"联盟整体期望利润的增加量"进行分配，则第 i 个联盟成员所分得的利润，亦即对该联盟成员的物质激励为

$$\Delta E(\pi)_i = \Delta E(\pi)$$
$$\times \frac{\beta_i(e_i^{**} - e_i^*) - C_{i0} - 0.5 a_i^2 [(e_i^{**})^2 - (e_i^*)^2]}{\sum_{i=1}^{n} \beta_i(e_i^{**} - e_i^*) - \sum_{i=1}^{n} C_{i0} - 0.5 \sum_{i=1}^{n} a_i^2 [(e_i^{**})^2 - (e_i^*)^2]}$$

$$(6-31)$$

通过以上分析不难发现,只要给联盟成员 i 提供 $\Delta E(\pi)_i$ 的物质激励,并保证此物质激励大于该联盟成员因提高努力水平而引发的成本的增加量 ΔC_i,就能激励联盟各成员将努力水平从 e_i^* 提高到 e_i^{**},从而让联盟整体实现利润最大化。

②声誉激励措施。

自亚当·斯密的古典政治经济学以来,声誉激励一直被作为保障契约诚实进行的重要机制。声誉激励作为一种相对于物质激励机制而言较为隐性的激励机制,也能对被激励对象产生巨大的激励效果。有时,声誉激励机制甚至可以作为物质激励机制的一种替代。因此,在产业技术创新战略联盟激励过程中,采用物质激励措施的同时,也非常有必要引入声誉激励措施,作为一种物质激励措施的辅助和补充。

在产业技术创新战略联盟内具体实施声誉激励时,应注意以下三个方面:首先,促使联盟各成员从自身长远发展的战略目标出发,不断提高对自身声誉重要性的认识,不断提高诚实守信、依法经营的市场经济意识。其次,在联盟内形成一个能够激励联盟成员不断提高声誉的环境,具体就是,严厉惩罚那些不守信的联盟成员,同时大力宣传和表扬那些诚实守信的联盟成员,并为这些联盟成员获得更广泛的认同创造良好氛围,从而使得其通过"提高声誉"获得额外收益。最后,也是最重要的是,保证联盟成员有长远的预期。联盟成员的声誉是在长期多次重复的博弈中建立起来的,如果联盟成员能够预期未来的巨大收益,则其就会主动去保持良好的声誉以期在将来获得更大的收益。反之,如果联盟成员没有这种预期,则其就会采取"机会主义行为"以获取短期利益最大化。

③信息激励措施。

在当今的信息时代里，信息对联盟成员有着不同于以往的重要意义。"信息"往往意味着实实在在的"利益"，因为联盟成员所获得的信息量与其所拥有的机会和资源数量呈正比。虽然信息对于联盟成员来讲只是一种间接的激励，但其作用不可低估。在产业技术创新战略联盟激励机制设计中，应高度重视"信息激励措施"的实施。

6.3.3.3 产业技术创新战略联盟约束机制设计

产业技术创新战略联盟风险管理的约束机制是从合同、法律和社会舆论等方面对联盟成员进行限制，主要是为了解决激励机制所不能解决的问题，是对激励机制的重要补充。产业技术创新战略联盟风险管理的激励与约束机制是不可分割的一个整体。联盟风险管理的约束机制旨在通过约束活动的实施，避免个别联盟成员不守信、中途退出等有损其他成员企业利益的事件发生，从而保护联盟成员的利益，最大限度地保证产业技术创新战略联盟目标的实现。

(1) 契约约束。

契约约束是联盟约束机制中最主要，同时也是最重要的约束措施。一般来讲，联盟契约应包括以下内容：①确定联盟的目标和宗旨，即明确双方共同参与的特定活动是什么；②对联盟各成员的权责进行界定，同时制定相应的规章制度，如惩罚机制等，以防范联盟内的机会主义行为；③制定一个合理的利益分配规则，以防范因"不合理的利益分配"而诱发联盟风险；④明确联盟成员退出条件。

(2) 动态检查约束。

通过"互联网等计算机网络"和"派人实地观测"等方式，检查和跟踪各联盟成员所参与合作项目的具体进展，进而实现对合作风险的预判，以便决定是否执行下一阶段合同，并通过"拟定补充合同"来弥补或修正原合同条款。以上这种"动态检查约束"的好处为：在有效防范因初始合同不完善而引发的联盟成员机会主义行为的同时，还能减小一次性合同造成的"资金套牢"等风险。

(3) "团队惩罚"约束。

"团队惩罚"约束成功的关键在于找到一个合适的"团队惩罚"代理人。通常从产业技术创新战略联盟中推选出一个实力雄厚且信誉较高的联盟成员作为"团队惩罚"的代理人。如果联盟内找不到合适"人选"，也可聘请第三方机构，如政府、行业协会和会计师事务所等，作为"团队惩罚"的代理人。在确定"团队惩罚"的代理人之后，就可以实施"团队惩罚"约束，具体做法为：由"团队惩罚"的代理人对该联盟某一次合作活动的产出进行客观公正的评估，并在此基础上，对于那些完成或超额完成任务的联盟成员给予一定的奖励，同时，对于那些未完成任务或出现欺骗行为并给整个产业技术创新战略联盟造成损失的联盟成员进行惩罚。

6.3.4 产业技术创新战略联盟内信任机制

联盟成员间的相互信任是产业技术创新战略联盟取得成功的重要条件。朱明月（2008）认为在联盟组建阶段，联盟成员间无论如何承诺，都无法杜绝联盟成员机会主义行为的发生。产业技术创新战略联盟契约不管有多详尽，都不可能包罗万象，对产业技术创新战略联盟运行过程中所有可能遇到的问题进行界定。基于上述分析，产业技术创新战略联盟仅仅依靠契约规避风险是不可行的，必须在此基础上，建立和加深联盟成员间的信任，并通过这种信任降低联盟成员机会主义行为发生的可能，最终实现有效规避联盟风险的目的。

关于信任的定义，迄今学术界尚没有一个统一的界定，其中比较具有代表性的观点有：信任是合作中的一方对于另一方不会出于私利而做出有损双方合作关系行为的预期；信任是合作双方在面对不确定性的未来时能够信赖对方，亦即尽管有能力监控或控制对方，但却愿意放弃这种能力而坚信对方会自觉地做出有利于自己的事情。在产业技术创新战略联盟中，对于以上信任内涵的把握应注意以下几点：第一，信任是联盟各成员在面向不确定的未来时所表现出的相互间的信任和依赖。第二，信任意味着联盟各成员以有限理性代替完全理性，以友情代替程序，以默契代替合约。第三，信任意味着联盟各成员须承担联盟其他成员背信弃义所可能带来的风险，正如 Das 和 Teng（1998）所言，信任的本质就是一方冒着风险去接受另一方的行为。

李东红、李蕾（2009）对有关"合作组织间信任产生路径"的已有研究成果进行了综合分析，认为合作组织间信任产生的路径具体有：①以良好合作期望和互补资源共同推进相互信任；②借助营造公平、公正、互惠的合作氛围建立信任；③在适度冒险中建立信任；④通过合作伙伴间的积极沟通建立信任；⑤在平衡成本与收益中建立信任；⑥在伙伴企业相互适应的动态调整中逐步建立和巩固信任。

Zucker（2000）在其研究中指出，相互信任的产生机制可以分为过程型、特征型和规范型三种具体形式。"过程型"相互信任产生机制的核心是，过往行为因"行为连续性"的存在，必然会对现在及将来的行为产生影响，因此长期持续的伙伴关系常会演化为伙伴间的信任和依赖。"特征型"相互信任产生机制的核心是，每个合作伙伴都有自己的一些特征，如公司文化等；如果合作伙伴间的这些特征越接近，则合作伙伴之间就越有可能形成能使他们所共同认可的合作组织文化，这种被共同认可的组织文化能减少合作伙伴间的不和谐因素，进而强化相互信任。"规范型"相互信任产生机制的核心是，在合作组织内建立一套阻止相互欺骗和防止机会主义行为的规范机制，从而减少合作中一方对于另一方可能会出现背信弃义行为的担心，最终达到强化合作组织内相互信任的目的。

在综合前人研究成果的基础上，本书总结出以下建立和加强产业技术创新战略联盟成员间信任的几点措施，具体如下：

（1）建立联盟共同愿景。

联盟中长期持续可靠的相互关系通常会深入强化为联盟各成员相互间的信任和依赖。而联盟中是否可以维持这样一种长期持续可靠的相互关系，在一定程度上决定于联盟各成员是否有一个共同的愿景。因此，联盟内部要建立起信任关系，首先得在联盟内部建立起共同愿景，并鼓励联盟各成员以长远的眼光来处理与联盟其他成员的关系。

（2）加强联盟各成员间的沟通和交流。

联盟成员间的信任关系不是自然而然发生的，而是在联盟成员间的不断沟通和交流中慢慢培养起来的。沟通和交流是培养信任的重要手段之一。如果能通过沟通和交流让合作伙伴了解自己真诚和守信的行为原则，这样的沟通和交流就能培养信任。

（3）确定一个合适的联盟规模。

联盟成员间只有不断地沟通和交流，方能增加彼此间的了解和认识，进而在了解和认识的基础上建立起彼此间的信任关系。显而易见，联盟成员间建立信任关系需要持续沟通和交流的机会，而持续的沟通和交流机会的多少又与联盟成员的数量有着负相关关系，即联盟成员越少，联盟成员间沟通和交流的机会越多。因此，在不影响联盟正常运作的前提下，应适当控制联盟成员的数量。

（4）建立联盟的共同文化。

联盟共同文化能有效降低成员间的矛盾和冲突，从而强化联盟成员间的相互信任，最终达到防控风险的目的。根据 Zucker（1986）所提出的特征型相互信任产生机制，我们还可以思考从建立联盟的共同文化来加强联盟成员间的信任。根据 Zucker（1986）所提出的特征型相互信任产生机制，联盟内能否形成能够照顾联盟各方利益并被大家所接受的联盟共同文化，取决于联盟各方思维和行为模式的一致性程度。而联盟各方思维和行为模式的一致性程度与联盟各方的社会背景和组织文化相近程度正相关。通过以上分析不难发现，在联盟组建初期选择合适的联盟成员是建立联盟共同文化的可行办法之一。在联盟成员选择时，主动地选择那些具有相近的社会背景和组织文化的产、学、研机构作为联盟成员，从而达到尽快形成联盟共同文化的目的。"选择合适的联盟成员"这一办法虽然简单，但操作起来有一定的难度，因为社会背景和组织文化相近的联盟成员可能并不是联盟所需要的成员，而联盟所需要的成员，社会背景和组织文化未必相近。因此，建立联盟共同文化更为行之有效的办法是：先根据联盟的需要选择联盟成员，然后在可能具有不同社会背景和组织文化的联盟成员之间进行良好的沟通，并通过"跨文化管理""非正式接触"等措施来加深联盟成员间的了解，消除隔阂，并在此基础上形成真正为联盟所有成员所接受的联盟共同文化，最终达到增强联盟成员间信任的目的。

（5）建立有效的机会主义防范机制。

联盟内各成员间建立信任关系的关键在于联盟各成员在联盟其他成员面前要表现出很高的可信度。通过在联盟内建立起一套合理的机会主义行为防范机制来规范和约束联盟成员行为，是联盟成员在其他成员面前表现出高可信度的重要保障。一般来讲，对联盟内机会主义行为的防范可以通过"提高机会主义行为成本"和"增加合作的收益"两个办法来实现。

提高联盟成员机会主义行为成本的具体做法有二：其一是通过加大联盟各成员参与联盟的总投入中专用性资产的投入比重，亦即通过提高联盟各成员退出联盟的壁垒，来提高机会主义行为的成本；其二是通过提高联盟成员运营成本中沉没成本的比例来"锁住"联盟各成员，从根本上消除欺骗获利的可能性，从而提高机会主义行为的成本。

增加联盟各成员合作收益的一种具体做法就是让联盟各成员能够从联盟合作中得到一种"隐形保证"。联盟所拥有的商誉和品牌等无形资产将会给参与联盟合作的联盟成员带来一种利益的隐形保证。这就如同一个农产品经营合作社能给加盟该合作社的农户增加合作收益一样。

6.3.5 产业技术创新战略联盟沟通与协调机制

正如 6.3.4 小节所分析的那样,产业技术创新战略联盟成员间良好的信任关系是联盟稳定运行的重要保障。在产业技术创新战略联盟的实际运行过程中,联盟各成员间的有效沟通和协调有利于这种信任关系的建立。有效的沟通与协调有利于化解联盟成员间的文化冲突,有利于加深联盟各成员间的理解和认同,有利于加强联盟各成员间的信息共享和相互学习,以上三个"有利于"最终有利于联盟各成员间信任关系的建立。假若联盟伙伴之间缺乏有效的沟通和协调,那么当联盟各成员间发生矛盾时,矛盾很有可能因为得不到有效的化解而被激化,这样联盟各成员间的信任关系将会难以建立。基于上述分析,我们不难发现,有效的沟通与协调对于确保联盟稳定运行和成功实现目标具有不可或缺的作用。为了使得联盟稳定地运行和成功实现目标,必须加强联盟各成员间的沟通和协调。总而言之,沟通与协调是联盟风险管理中一个十分重要的环节,在产业技术创新战略联盟风险管理实践中必须予以高度重视。

(1) 产业技术创新战略联盟沟通与协调的主要影响因素分析。

在联盟运行过程中,影响联盟的沟通与协调的主要因素有以下几点:

①联盟各成员社会、文化背景差异。

尽管在联盟成员选择时通常会将"联盟成员的社会、文化背景相容"作为一个重要的标准,但在联盟成员挑选的实践中,往往会因种种客观原因的存在,选择到社会、文化背景相容的联盟成员并非一件易事。"国别""体制""发展历程"等因素往往会导致联盟各成员的社会、文化背景产生较大的差异,从而给产业技术创新战略联盟的沟通和协调带来负面影响。

②联盟各成员目标、利益的不相容。

尽管联盟是基于共同的目标和利益建立起来的,但在目标和利益方面,联盟各成员仍可能存在不相容甚至冲突的地方。联盟内其中一些成员的目标和利益可能会对联盟其他成员目标和利益的实现产生不利影响。这种联盟成员间目标和利益的不相容甚至冲突就会对联盟内的沟通与协调产生不利的影响。

③联盟各成员信息化基础设施不匹配。

联盟中各个成员往往具有不同的网络系统,采用的是不同的计算机通信技术。这些不同的网络系统和计算机通信技术有可能是不匹配的,这将给联盟各成员的沟通和协调带来一定的困难。

④联盟成员间知识形式的冲突。

联盟运行的核心在于联盟各成员进行全面合作,协同完成联盟的共同目标。但合作的进行和目标的完成往往建立在"相互了解,并进行知识、信息的共享"的基础上。联盟内各成员因为知识或信息的存在形式、表现方式以及理解方法等各不相同,很容易出现沟通和协调上的障碍。

(2)促进联盟沟通与协调的具体措施。

①构建利于沟通与协调的环境。

通常来讲,联盟内如果有一个利于沟通与协调的环境,将使得联盟内的沟通与协调效率得到大幅度提升。构建一个有利于沟通与协调的环境，可以通过以下具体方式来实现：首先，联盟各成员可考虑向联盟其他成员部分开放各自的内部网，即准予联盟内部人员根据所赋予的权限访问内部网；其次，联盟各成员可以考虑派遣自己的工作人员到联盟其他成员里去交流和学习；再次，联盟各成员也可针对联盟内部常规问题或一些突发问题进行定期或临时性的网上视频交流；最后，联盟也可以考虑组建跨联盟成员的专家团队集中商讨联盟如何更好地发展的问题。

②促进联盟内的文化协同。

促进联盟内文化协同的本质就是首先分析联盟各成员间因社会、文化背景差异而产生的沟通障碍，并在此基础上通过有效利用现代通信网络，在联盟内建立全方位的、形式多样的沟通与协调渠道，培养和谐的组织氛围，最终实现联盟内文化协同的目的。

不同社会、文化背景下的联盟成员往往有着不同的管理风格。正是这种管理风格上的差异，要求联盟风险管理者须全面而准确地掌握联盟各成员的管理风格，并在此基础上选用恰当的管理方法。具体来讲：第一，不同的文化有不同的管理观，因而对联盟各成员实施管理时，应根据其文化特点的不同，运用不同的领导理论和方法。第二，在进行跨文化激励时，应根据联盟各成员的文化背景，在了解其需要的基础上采取相应的激励措施。

③建立联盟内部信息沟通机制。

信息在联盟内各成员间进行传递时容易产生失真现象。出现这种失真现象的主要原因之一就是，信息交流渠道的不完善。通常来讲，完善的内部信息交流网络可以减少这些阻力，提高信息交流的有效性，促进联盟各成员的沟通与协调。因此，很有必要在联盟内部建立信息沟通机制，这样能够促进联盟各成员的沟通和协调。建立信息沟通机制的关键在于两个方面：第一，有信息沟通的物质基础，比如内部信息交流网；第二，有保障信息正常沟通的相应制度，如保证联盟各成员向信息交流网自觉、自愿提供相关交流信息的制度。

④有效化解联盟成员间的冲突。

由于联盟各成员间"目标相对不一致""信息不对称""文化差异"等因素的存在，联盟各成员间总是不可避免地会产生各种各样的冲突，这些冲突将会严重影响联盟成员间的有效沟通和协调。因此，当联盟成员间出现冲突时，应及时采取相应措施有效化解联盟成员间的冲突，从而保障联盟成员间的沟通和协调。

⑤加强联盟成员间的非正式沟通。

联盟成员间的沟通、协调不仅要重视联盟各成员高层管理人员间的互动，也要重视联盟各成员员工间的非正式沟通。非正式沟通的意义在于：通过这种非正式沟通可以加深员工对于对方的文化和价值观等的了解和理解，也可以使联盟成员更加详细且准确地了解联盟其他成员的一些基本信息，总而言之，联盟成员间这种非正式的沟通是正式沟通的一种有益补充。在具体实践中，联盟成员间的这种非正式沟通可以通过采用"员工座谈会""娱乐活动""员工的互访与交流"等形式来实现。

6.3.6 产业技术创新战略联盟风险转移机制

风险转移一般是指风险原本承担方通过保险或非保险的方式将风险转嫁给其他方承担的一种风险处理方式。这样一种风险处理方式对于本书中产业技术创新战略联盟风险的防控同样适用。将"风险转移"应用到"产业技术创新战略联盟风险防控"中，亦即"产业技术创新战略联盟风险转移"，是指产业技术创新战略联盟通过保险或非保险的方式将联盟所面临的风险转嫁给联盟以外的第三方承担，从而有效规避风险可能给产业技术创新战略联盟带来的损失，保证联盟的稳定运行和目标实现。产业技术创新战略联盟风险转移机制就是指联盟风险转移操作中所涉及的一些运作机理，一般包括风险转移对象选择标准、转移方式及其选择程序。

(1) 产业技术创新战略联盟风险转移对象选择标准。

产业技术创新战略联盟全生命周期各个阶段将会遇到各种各样的风险，然而并非所有的风险种类都适合于"风险转移"这样一种风险处理方式。适合于"风险转移"这样一种风险处理方式的相应风险种类至少应满足以下两个条件：一是可以转移；二是风险转移成本应小于风险可能引致的损失。

(2) 产业技术创新战略联盟风险转移方式。

根据相关风险管理理论，产业技术创新战略联盟风险转移方式可以划分为两个大类，即保险转移和非保险转移。在联盟风险转移实践中，应视联盟风险的具体情况选择合理的风险转移方式。

①保险转移。

保险转移，就是指产业技术创新战略联盟通过向保险公司投保，在付出一定保险费的同时，将联盟风险可能带来的损失转嫁给保险公司承担。当联盟风险损失真正发生时，保险公司按照保险合同约定给予产业技术创新战略联盟相应的经济赔偿。采用"保险转移"这种风险转移方式对联盟风险进行转移时，对联盟风险性质有一定的要求，并非所有的联盟风险类型都适用于"保险转移"。通常来讲，保险公司所承保的风险应满足以下三个条件：第一，风险是不投机的，即此风险仅有损失的可能；第二，风险必须是偶然的，即此风险发生的时间、地点和损失大小等都是不确定的；第三，风险必须是意外的，即风险的发生以及产生的后果不是投保人故意所为。根据以上三个条件，联盟风险中，只有诸如自然灾害风险等外部风险才能运用"保险转移"这种方式进行风险转移。大多数的其他联盟风险还得运用"非保险转移"的方式进行风险转移。

②非保险转移。

联盟风险的"非保险转移"方式可以进一步细分为"合同""出让""担保"三种具体形式。

a）合同转移。

根据《中华人民共和国民法通则》第85条，合同是当事人之间设立、变更、终止民事关系的协议。相应地，合同转移就是指联盟与承诺人签订一份协议，当承诺人因机会主义行为或其他一些客观原因出现不能履约而给产业技术创新战略联盟带来损失时，产业技术创新战略联盟可以依据这份协议索赔，最终有效规避风险。这种风险转移方式比较适宜于那些与联盟内成员间合作关系有紧密联系的风险类型，如道德风险等。

b）出让转移。

出让转移是指产业技术创新战略联盟通过将风险资产或项

目进行转让,从而将联盟风险转移出去,如同在证券市场中,当预测到股价将要出现大幅下跌时,通过股票的转让来规避股票下跌可能带来的损失。联盟一旦决定通过出让这种方式来转移联盟风险,就意味着联盟将放弃原有的机会和目标。所以,除非在"风险已经无法逆转,并且会给联盟带来巨大损失"时,一般不宜采用这种方式进行风险转移。联盟运行过程中的市场风险和金融风险等风险种类比较适宜采用出让转移。

c)担保转移。

担保转移是指产业技术创新战略联盟通过要求"担保",从而将联盟风险转移给担保提供方。这种"担保"通常是担保人(如银行、担保公司和商业团体等)应被担保人的要求向联盟做出书面承诺:当被担保人因不能完成在合作合同中所规定的应完成任务而给联盟带来损失时,则由担保人代为履约或做出其他形式的补偿。担保转移与合同转移一样,也比较适宜于转移那些"合作性"风险。

张青山、游金(2005)对以上各种风险转移方式适宜转移的风险类型以及各自的缺点和代价进行了总结,如表6-3所示。

表6-3 联盟风险各类转移方式特性比较

转移方式	适宜对象	缺点	代价
保险转移	可投保风险	适宜的风险种类有限	保险费用
合同转移	巨大的导致联盟无法运作的风险	放弃联盟初衷	风险预警机制所耗费的成本和寻找出让对象所消耗的费用
出让转移	合作性风险	只能转移合作性风险	合同的工本费
担保转移	合作性风险	须与合同同时使用	担保费

资料来源:张青山等(2005)。

(3) 产业技术创新战略联盟风险转移方式选择程序。

在联盟风险的防控中，当决定对某一种或某一些风险采取风险转移策略时，应首先根据风险的具体特征，决定采用何种具体的风险转移方式。联盟风险转移方式选择的具体程序如图6-5所示。

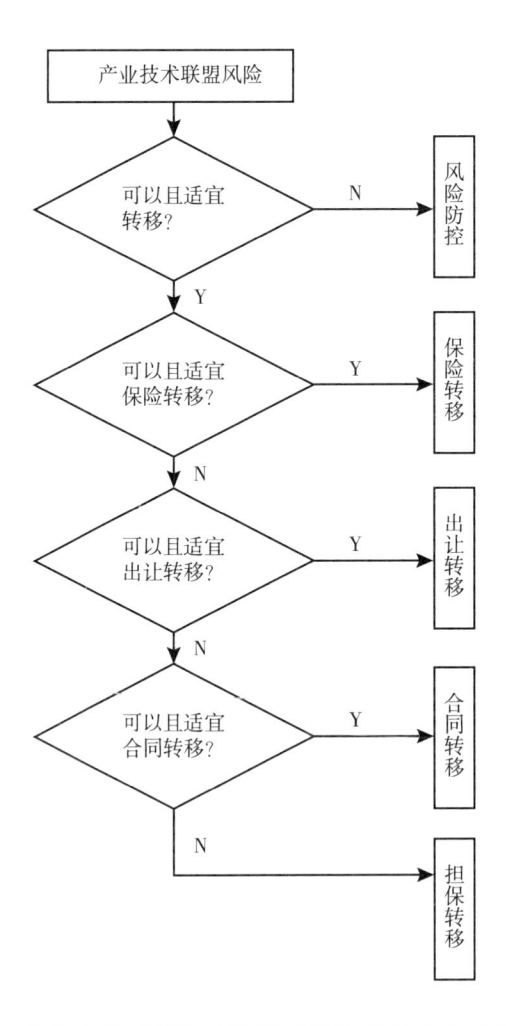

图6-5 产业技术创新战略联盟风险转移具体方式选择程序

如图6-5所示，联盟风险转移方式选择的具体程序可描述为：

①首先根据"可以且适宜转移"标准将联盟风险分为两类，那些可以并且适宜转移的风险，直接转入第二步。那些不能或不适宜转移的风险，则采用风险防控的其他方式进行处理。

②将上一步转入的风险根据"是否可投保"的原则，分为"可投保风险"和"不可投保风险"两类，"不可投保风险"进入第三步。对于"可投保风险"再根据"保险费是否低于风险损失"的原则决定其是否适宜投保，对于那些保险费低于风险损失的风险种类进行保险转移，对于那些保险费不低于风险损失的风险种类则进入第三步。

③对上一步转入的风险首先进行"是否可转让"的判断，其中不可转让的风险进入第四步；对于那些"可转让"的风险依据"出让代价是否小于风险损失"进行判断，对于那些"出让代价小于风险损失"的风险，直接进行"出让转移"，剩下的风险则进入第四步。

④对上一步遗留下来的风险，进行"是否可合同转移"的判断，可合同转移的那部分风险直接采用"合同转移"，其他的则采用"担保转移"。

6.4 产业技术创新战略联盟风险防控模型的非核心要素

正如图6-2所示，产业技术创新战略联盟风险防控模型的核心在于"联盟风险防控内部措施"。除此之外的其他组成部分，我们称之为产业技术创新战略联盟风险防控模型的非核心要素，具体包括"联盟风险防控目标""联盟风险防控总体策略""联盟风险防控的基本方法与工具""联盟风险防控外部环境""联盟风险管理组织"。尽管以上非核心要素没有6.3节所分析的"联盟风险防控内部措施"重要，但它们在产业技术创新战略联盟风险中也会起到不可或缺的作用。因此，接下来本书将对以上联盟风险防控的非核心要素作简要分析。

6.4.1 产业技术创新战略联盟风险防控目标

是否具有一个明确并且科学的防控目标将会直接影响到产业技术创新战略联盟风险防控效果的好坏，因为产业技术创新战略联盟风险防控目标为联盟的风险防控活动指出了一个明确的努力方向。

产业技术创新战略联盟风险防控目标从总体上可以界定为：通过采用各种风险防控的工具、方法和具体措施，首先构建一个有利于联盟各成员间合作创新活动开展的、和谐稳定的联盟内部环境，其次实现对联盟生命周期各阶段关键风险因素的有效防控，最终达到"经济和高效地防控联盟风险"的目的。

产业技术创新战略联盟风险防控目标以"联盟风险的发生"为分界点，可以分为两部分，具体内容为：

（1）联盟风险发生前目标。

联盟风险发生前目标可以具体分为两个方面。

①减少因心理恐惧而产生的负面作用。产业技术创新战略联盟合作是一种具有高风险的技术合作创新活动，联盟各成员容易对这样一种高风险的技术合作创新活动产生恐惧和担心。

这种恐惧和担心会相应产生一定的副作用，体现为：联盟各成员的领导可能会因此畏首畏尾，难以果断决策，贻误商机，联盟各成员的员工因心理上的恐惧而造成工作上的失误，压抑工作积极性、主动性，增加额外成本开支。通过"联盟风险防控"，对联盟风险做出妥善的安排和处理，有助于消除和减轻心理负担，满足人们追求安全的愿望，使产业技术创新战略联盟各层面放下思想包袱，放手开展联盟合作创新活动。

②降低联盟风险管理成本。联盟风险防控活动应注重实效，并讲求效益。联盟风险防控中，由于对联盟风险防控中各相关要素做了有序化处理，提高了运作效率，也就降低了风险管理成本。

（2）联盟风险发生后的目标。

联盟风险发生后的目标就是将联盟风险给联盟各成员带来的负面影响降到最低。对于已建立联盟风险防控机制的产业技术创新战略联盟来说，当联盟风险真正发生以后，产业技术创新战略联盟可以运用事先制定好的风险防控措施，如联盟成员退出机制和联盟风险转移机制等，尽可能地将产业技术创新战略联盟所承受的损失降到最低。

6.4.2　产业技术创新战略联盟风险防控总体策略

兰荣娟（2010）指出，在动态联盟风险防控中，主要可采取"风险回避策略""风险控制策略""风险自留策略""风险转移策略"这样四个具体策略，同时她还对每一个策略的定义、分类和使用的具体原则等内容做了分析。本书借鉴兰荣娟的以上研究成果，并充分考虑产业技术创新战略联盟的特征，提出了产业技术创新战略联盟风险防控总体策略，如图 6-6 所示。本书中产业技术创新战略联盟风险防控总体策略的核心思想就是，以对产业技术创新战略联盟风险的识别和评价为基础，遵循"在保证联盟风险防控质量的前提上，尽可能降低风险防控成本"这样一个原则，综合采用"风险回避策略"等四个具体策略，对产业技术创新战略联盟风险进行防控。

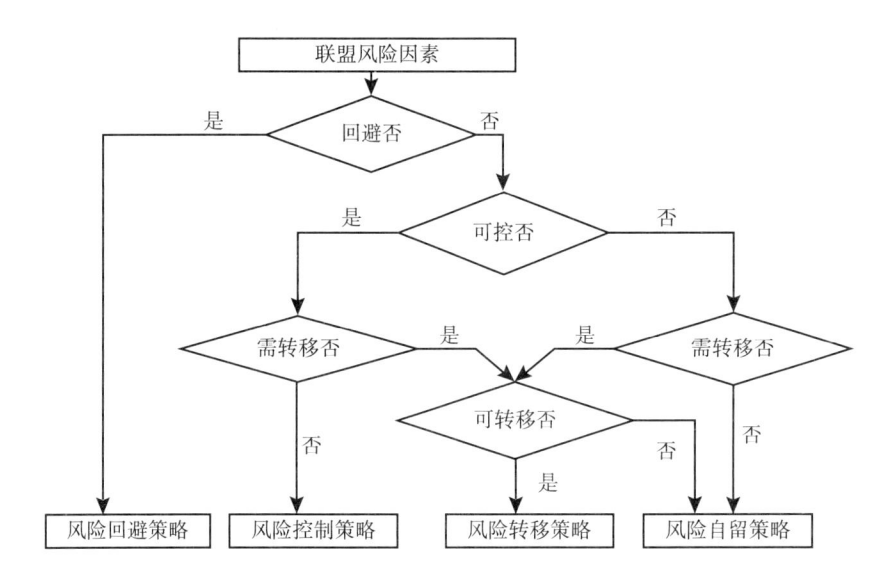

图 6-6　产业技术创新战略联盟风险防控总体策略

图 6-6 中，"风险回避策略"具体是指，当一些联盟风险因素可能带来的收益小于其可能招致的成本时，联盟主动改变行动方案甚至放弃行动，从而避免可能损失的一种"躲避式"风险防控策略。比如在联盟酝酿期，主动回避那些高风险的市场机遇和合作方案。对于"风险控制策略"，其具体含义根据风险损失是否发生，分为"损失发生前"和"损失发生后"两类，"损失发生前"是通过各种风险防范措施尽可能

降低风险发生的概率,"损失发生后"是通过各种风险控制措施尽可能减少风险给联盟整体带来的不利影响。"风险转移策略"具体是指,联盟通过保险转移、合同转移和担保转移等方式,以"牺牲一定的利益"作为代价,把联盟风险有效分摊给其他组织的一种风险防控策略。"风险自留策略"是指,当"风险自留"比其他风险防控方式更为有利时,联盟以内部资源弥补所遭受损失的这样一种风险防控策略。需要说明的是,该策略是一种风险防控的保留策略,也就是说,只有在其他风险防控策略无法实施或实施成本较高而不经济时,联盟才应考虑采取"风险自留策略"防控风险。

如图6-6所示,本书中产业技术创新战略联盟风险总体策略的具体内容为,在已确定联盟风险因素的基础上:①比较各风险因素可能带来的收益和可能产生的成本,如果风险因素的收益低于成本,则将其列为需"回避"风险因素,对其采用"风险回避策略";反之,则将其列为无须"回避"因素,进入下一步的处理。②对那些无须"回避"的风险因素判断其是否可控,分为"不可控风险因素"和"可控风险因素",分别进入第三步和第四步。③在"不可控风险因素"中,依据"风险自留代价和风险转移代价的相对大小"进行判断,对于那些风险自留代价小于风险转移代价的风险因素,直接采用"风险自留策略",对于那些风险转移代价小于风险自留代价的风险因素,进入第五步。④在"可控风险因素"中,依据"风险控制代价和风险转移代价的相对大小"进行判断,对于那些风险控制代价小于风险转移代价的风险因素,直接采取"风险控制策略",对于那些风险转移代价小于风险控制代价的风险因素，则进入第五步。⑤对上两步中进入这一步的风险因素，根据"是否可转移"的原则进行判断，对于那些"可转移"的风险因素采用"风险转移策略"，对于那些"不可转移"的风险因素则采用"风险自留策略"。

6.4.3 产业技术创新战略联盟风险防控的基本方法与工具

子曰："工欲善其事，必先利其器。"产业技术创新战略联盟的风险防控也是一样。要想做好产业技术创新战略联盟风险的防控工作，一个关键之处就是有合适的风险防控方法和工具供选择。产业技术创新战略联盟风险防控的本质就是通过选择和使用各种风险防控的方法与工具，力争将风险消灭在萌芽状态，从而将风险所带来的后果降到最低限度。

面向产业技术创新战略联盟全生命周期的各个阶段，可能涉及的风险防控方法和工具主要有"联盟伙伴选择评价方法与工具""动态合同""检查考核机制""风险核对表"。其中，"联盟伙伴选择评价方法与工具"又具体包括"多阶段筛选法""AIIP分析法""人工神经网络算法""模糊综合评价法"等。以上提到的风险防控方法或工具将在"联盟风险防控内部措施"的相应研究中得到体现。

6.4.4 产业技术创新战略联盟风险防控外部环境

产业技术创新战略联盟风险防控活动的具体实施，都处于一定的外部环境之中。换句话说，产业技术创新战略联盟风险防控活动的执行，都应借助外部环境的积极作用。因此，本书将具体分析那些对于联盟风险防控活动具有支持作用的产业技术创新战略联盟外部环境，具体包括法律环境、信用环境和传媒环境三个部分。

6.4.4.1 法律环境

在本书中，产业技术创新战略联盟风险防控的法律环境，具体是指与联盟风险紧密相关，可能会对联盟风险防控起到积极作用的一些法律条款。这些法律条款有可能贯穿于产业技术创新战略联盟整个运行过程中的各个环节，如合同签订、纠纷处理等。产业技术创新战略联盟可以借助相关法律条款的威慑作用和强制作用来规范和保障产业技术创新战略联盟主及各成员企业的各项活动，最终达到防控风险的目的。

首先，产业技术创新战略联盟作为一个普通的联盟，其风险防控活动可能会涉及的法律条款主要有《合同法》《知识产权保护法》《专利法》《反不正当竞争法》《商标法》等；其次，产业技术创新战略联盟作为一个以实现"产业技术创新"为根本目标的 R&D 联盟，其风险防控活动还可能会涉及国内与科技相关的一些立法，如《国家中长期科学技术发展纲要》《科技进步奖励条例》《科技进步法》《促进科技成果转化法》等。在产业技术创新战略联盟风险防控的具体实践中，产业技术创新战略联盟应将《合同法》作为联盟风险防控的主要法律法规依据，并在产业技术创新战略联盟全生命周期的各阶段选取其他法律条款作为辅助，总而言之，应做到各项法律法规的合理运用。

在产业技术创新战略联盟全生命周期的不同阶段，应采取不同的法律法规来进行联盟风险防控活动。产业技术创新战略联盟生命周期不同阶段可能涉及的法律法规的具体分析如下：

（1）联盟组建阶段。

由于产业技术创新战略联盟在此阶段的主要工作是联盟各成员搭建合作框架和商定合作契约，因此，此阶段应以《合同法》作为核心的法律依据。同时，在组建产业技术创新战略联盟时，联盟各成员可能会向联盟投入商业秘密、专利、商标等无形资产，故在此阶段可能还会涉及《知识产权法》《专利法》《商标法》等法律条款。

（2）联盟运作阶段。

在产业技术创新战略联盟运作阶段，联盟存在的主要风险有"研发经费风险""时间风险""信任风险""道德风险""知识泄露风险""知识被盗用、被模仿风险"等。对于以上风险，大多都可以通过完善的合同予以防范和控制。比如，《合同法》第336条明确规定："合作开发合同的当事人违反约定造成研究开发工作停滞、延误或失败的，应当承担违约责任。"这一规定有助于产业技术创新战略联盟防控"时间风险"。其他的风险，如"知识泄露风险"等，可以依据《知识产权法》和《专利法》等法律法规予以控制。

（3）联盟解体阶段。

在联盟解体这一阶段，产业技术创新战略联盟风险防控的重点在于"联盟利益分配"的具体实施。如果产业技术创新战略联盟因为运营失败而解体，就会同时涉及联盟风险的合理分担问题，从而将联盟风险给联盟带来的损失控制在最低的水平。总的来说，联盟解体这一阶段可能会涉及《合同法》《反不正当竞争法》《商标法》《专利法》等相关法律法规。

6.4.4.2 信用环境

产业技术创新战略联盟稳定运行的一个重要基础就是联盟成员间的信任,而联盟成员间这种信任关系的建立除了依赖产业技术创新战略联盟内部的信任机制外,还依赖于产业技术创新战略联盟外部良好的信用环境。一个良好的联盟外部信用环境有利于联盟内各成员间良好信任关系的形成,最终实现防控联盟风险的目的。因此,在进行联盟风险防控时,应重视联盟外部信用环境的支持作用,充分利用好社会信用体系。

产业技术创新战略联盟的外部信用环境一般包括以下组成部分:信用征集、信用监测、信用评估、信用查询体系、信用档案建设、信用信息披露、信用担保、信用保险、信用监督和信用奖惩制度体系等。

6.4.4.3 传媒环境

在进行产业技术创新战略联盟风险防控时,除了应充分重视法律环境和信用环境的支持作用外,还应重视传媒环境的支持作用。传媒环境具有监督功能,它对联盟风险防控的积极作用主要体现在以下两个方面:第一,传媒环境通过其固有的宣传教育功能,增强产业技术创新战略联盟各成员遵纪守法的意识,加强其职业道德和社会公德;第二,传媒环境还可发挥其对联盟成员社会声誉的舆论监督作用,将那些不守诚信的成员驱逐出市场,最终达到激励成员诚实守信的目的。

当今的主要传媒工具可以分为报刊、广播、电视和互联网四类。在产业技术创新战略联盟风险防控中,我们应特别重视互联网这一类传媒工具的积极作用。互联网较之传统的传媒工具,其不仅扩大了信息交流的广度,而且还增加了受众人数,加快了信息沟通的频率。因此，面对传媒的全球化和网络化，应注重充分利用传媒体系在产业技术创新战略联盟风险防控中的舆论监督和引导作用。

6.4.5 联盟风险管理组织

若想产业技术创新战略联盟风险防控活动能够按计划实施，必须有相应的组织保障。这个组织保障就是在产业技术创新战略联盟内部构建一个科学和健全的风险管理组织。所构建的产业技术创新战略联盟风险管理组织本身是否具有一个职责分工明确和信息沟通顺畅的组织架构，将在很大程度上影响风险防控的成败。

基于以上分析，本节在借鉴国内外相关研究成果的基础上，对产业技术创新战略联盟风险管理组织架构相关问题进行探讨，具体包括"产业技术创新战略联盟风险管理组织构建的基本原则"和"产业技术创新战略联盟风险管理组织的具体构建"两部分。

6.4.5.1 产业技术创新战略联盟风险管理组织构建的基本原则

（1）专业管理和全员参与相结合。

在风险防控过程中，首先应重视"联盟风险管理委员会""项目风险管理办公室"等专门机构的风险管理作用，同时还应提高联盟内部各成员及其员工的风险意识和参与风险管理的积极性，努力做到联盟风险管理的全员参与。做到"联盟风险管理全员参与"的关键在于：通过具体的风险管理手册对联盟内部各成员及其员工所面临的风险与责任做出明确和详细的规定。

（2）重视"构建联盟风险管理组织"的成本—效益。

在进行联盟风险防控时，尽管可以通过构建联盟风险管理组织来提高联盟风险防控活动的效率，从而降低风险发生的概率和减小可能的风险后果，但也应认识到构建联盟风险管理组织是会增加联盟运行成本的。因此，在构建联盟风险管理组织时，应思考"在保证该项活动收益的同时，如何尽可能降低该项活动的成本"这样一个问题。解决这一问题的通常做法是：在构建产业技术创新战略联盟风险管理组织时，严格控制部门数量和工作人员数量，尽可能避免多余部门和工作人员的存在，从而在保证管理效果的同时实现成本的有效控制。

（3）权责明确。

产业技术创新战略联盟风险管理组织内部存在着分工和协作。因此，构建联盟风险管理组织架构，应重视风险管理组织内部权责的划分。具体来讲，就是要在权责划分时，尽可能做到：第一，严格分离风险管理不相容业务，从而规避风险管理业务被个别关键人物所操纵；第二，在组织内部进行职责分配时，规避职责分配的重叠和空白；第三，根据层级高低，赋予不同权限，并对越权行为按章严肃处理。

（4）利于信息沟通。

组织内信息沟通的不顺畅，将会严重影响到联盟风险管理组织的管理效率。因此，在构建联盟风险管理组织时，必须考虑到所构建的组织结构是否有利于信息的沟通。

6.4.5.2　产业技术创新战略联盟风险管理组织的具体构建

根据产业技术创新战略联盟风险管理的需要，结合产业技术创新战略联盟的组织结构，可以构建如图6-7所示的联盟风险管理组织结构。

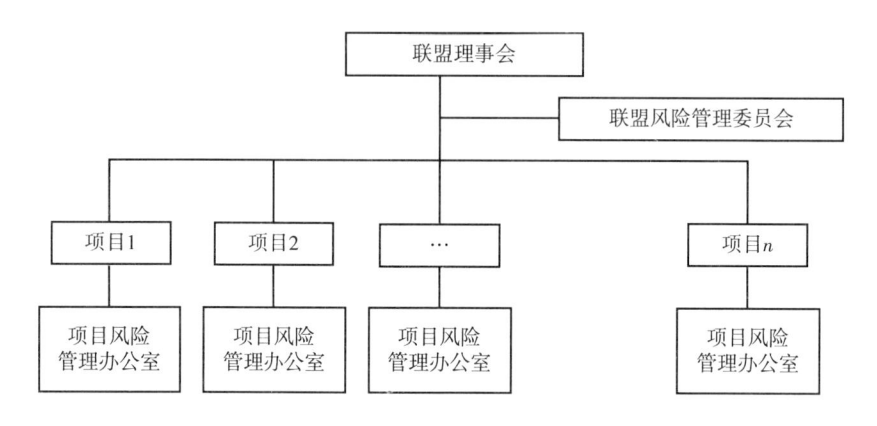

图6-7 产业技术创新战略联盟风险管理组织结构

如图6-7所示，产业技术创新战略联盟风险管理组织结构可分为两个层级，即联盟风险管理委员会和项目风险管理办公室。

（1）联盟风险管理组织人员构成。

产业技术创新战略联盟中的风险管理人员分为"联盟风险管理委员会"成员和"项目风险管理办公室"成员两类，不同类型的风险管理人员有不同的构成。"联盟风险管理委员会"成员一般应由如下人员组成：联盟理事会部分理事、联盟各成员单位的风险管理负责人以及联盟外聘的风险管理专家。

"项目风险管理办公室"成员又进一步分为"负责人"和"工作人员"两类。"负责人"在联盟风险管理委员会的领导下，对其所在项目的风险管理工作全面负责。作为"负责人"

的人员必须具有较为系统的项目风险管理知识和丰富的项目风险管理经验，熟悉项目业务流程，并有较强的领导才能。对于项目风险管理办公室的"工作人员"的要求相对较低，只需具有一定的风险管理知识和经验即可。

（2）联盟风险管理组织权责分配。

联盟风险管理组织分为"联盟风险管理委员会"和"项目风险管理办公室"两个层级。"联盟风险管理委员会"的主要权责为：在联盟理事会的领导下，全面负责联盟风险管理工作，比如确定项目风险管理组织结构、制定联盟风险管理政策和规章制度、协调各项目风险管理办公室的工作等。"项目风险管理办公室"的主要权责为：在联盟风险管理委员会的领导下，具体负责各项目的风险管理工作。

6.5　本章小结

首先，对产业技术创新战略联盟生命周期进行分析，将联盟生命周期分为"酝酿""组建""运作""解体"四个阶段，并构建了"产业技术创新战略联盟生命周期模型"。

其次，对产业技术创新战略联盟整个生命周期中可能出现的风险诱因进行分析，认为联盟整个生命周期中可能出现的风险诱因主要有"联盟外部环境的不确定性""联盟机遇识别失误""联盟成员选择不妥""联盟成员间信任缺失""联盟成员间有效沟通不足""联盟治理机制不合理或不完善"等。

再次，在借鉴裴斐和尹学群等研究成果的基础上，结合先前对于"产业技术创新战略联盟生命周期"以及"产业技术创新战略联盟风险诱因"的分析，构建了一个面向产业技术创新战略联盟全生命周期的风险防控模型。该模型由"联盟风险防控目标""联盟风险防控总体策略""联盟风险管理组织""联盟风险防控的基本方法与工具""联盟风险防控外部环境""联盟风险防控内部措施"六个部分组成。其中"联盟风险防控内部措施"为该模型的核心要素，而其他五个部分为非核心要素。

最后，分别对产业技术创新战略联盟风险防控模型的六大组成部分的具体内容进行了分析，尤其是对于该模型核心要素——"联盟风险防控内部措施"的分析。本书的"联盟风险防控内部措施"具体包括"联盟成员选择机制""联盟成员利益分配机制""联盟内信任机制""激励与约束机制""沟通与协调机制""联盟风险转移机制"等内容。

第7章 本书结论、创新点与研究展望

7.1 本书结论

本书首先对国内外相关研究文献进行了综述，指出了产业技术创新战略联盟风险管理问题的过往相关研究中存在的若干不足，如"研究缺乏系统性""研究中未认识到联盟风险管理的复杂性""研究视角定位不明确"等。针对以上不足，本书通过综合运用"产学研合作创新""技术联盟""风险管理""系统科学与综合集成方法"等相关理论，简要分析了产业技术创新战略联盟风险管理的复杂性，并从联盟整体视角出发，对产业技术创新战略联盟风险管理中的识别、评价和防控等问题进行了较为系统的研究，提出了一个由"联盟风险识别模型""联盟风险评价模型""联盟风险防控模型"构成的产业技术创新战略联盟风险管理方法体系。

本书的主要研究工作和相应的研究结论总结如下：

（1）产业技术创新战略联盟风险的内涵和管理过程框架。从"项目管理"视角，对产业技术创新战略联盟风险内涵进行了界定，具体为：由于产业技术创新战略联盟外部环境的不确定性、联盟运行过程的复杂性和联盟主体能力的有限性及相互间关系的不和谐性，从而联盟运行结果与预期目标出现明显负面偏差的可能性及其后果。产业技术创新战略联盟风险主要表现为以下两种形式：第一，联盟运行低效，未达到联盟成立时所设定的战略目标；第二，联盟运行过程中出现严重问题，导致联盟非计划或非正常解体。同时，借鉴一般风险管理过程理论，构建了产业技术创新战略联盟风险管理过程框架，该框架由"联盟风险识别""联盟风险评价""联盟风险防控"三大模块构成。

（2）基于综合集成方法的产业技术创新战略联盟风险管理模型。

首先对产业技术创新战略联盟及其风险管理的复杂性进行分析。产业技术创新战略联盟风险管理涉及产、学、研各方，每一方都有自身复杂的层级结构，并且与环境存在着物质、能量和信息的交换。因此，相应的联盟风险管理系统可以视做一个开放的复杂巨系统，该复杂巨系统具有开放性、动态性、非线性、涨落和自组织等复杂性特征。在以上分析的基础上，将"综合集成方法"引入联盟风险管理的研究中，构建了"产业技术创新战略联盟风险管理的 HWME 模型"。该模型通过联盟风险管理 HWME 的建立，有机融合了已有的联盟风险管理知识体系、相关领域专家的知识经验和以大型计算机为代表的机器智能，努力避免通常的串联线性模型的信息孤立、不能有效发挥专家优势、不能充分运用计算机信息处理技术成果的不足。同时，该模型提供了一种持续的风险管理控制和反馈机

第7章 本书结论、创新点与研究展望

制,从而能够对产业技术创新战略联盟风险实现持续动态的管理。

(3) 基于综合集成方法的产业技术创新战略联盟风险识别模型。

在探讨产业技术创新战略联盟风险识别问题复杂性的基础上,将"综合集成方法"引入联盟风险识别问题的研究中,提出了"基于综合集成方法的产业技术创新战略联盟风险识别模型"。该模型具体包括三个逐渐深入的层次,即"定性综合集成""定性定量相结合综合集成""从定性到定量综合集成"。此外,本书还运用此模型,对国内某产业技术创新战略联盟风险的识别问题进行了实例分析,得到了该产业技术创新战略联盟的风险因素体系,同时也验证了以上识别模型的合理性。该产业技术创新战略联盟的风险因素体系分为"绩效风险""关系风险""知识产权风险"三个类型,具体包括"产业政策变化""机会主义行为""知识泄露"等24个风险因素。

(4) 产业技术创新战略联盟风险的灰色模糊综合评价模型。

由于联盟风险评价问题具有模糊性,所以相关研究中常采用模糊综合评价法。但通过文献调研发现,一般模糊综合评价模型存在两个主要缺陷:第一,未考虑到联盟风险评价过程中存在的灰色性;第二,通常采用Delphi法和AHP法等主观赋权方法确定权重,未将主、客观赋权方法有机集成。基于此,本书针对"联盟风险评价过程中同时存在模糊性和灰色性"这一特征,在一般模糊综合评价模型的基础上,通过引入

"点灰度"和"广义三角模算子",并运用层次分析法和粗糙集进行组合赋权,构建了产业技术创新战略联盟风险的灰色模糊综合评价模型。此外,本书还以国内某产业技术创新战略联盟为例,进行了实例分析,相应分析结果验证了该模型的合理性。本书所构建的"产业技术创新战略联盟风险的灰色模糊综合评价模型"相对于一般模糊综合评价模型有两点改进:一是通过引入"点灰度"和"广义三角模算子",对评价过程中存在的"灰色性"问题进行了合理处理;二是通过运用层次分析法和粗糙集进行组合赋权,将主、客观赋权方法进行有机集成,在吸收两类方法优点的同时,又能克服两类方法各自的缺陷。

(5)面向产业技术创新战略联盟全生命周期的风险防控模型。

借鉴"企业生命周期理论",对产业技术创新战略联盟生命周期进行了分析,将联盟生命周期划分为"酝酿期""组建期""运作期""解体期"四个阶段,并构建了"产业技术创新战略联盟生命周期模型"。同时,还对产业技术创新战略联盟整个生命周期中可能出现的风险诱因进行了分析,认为产业技术创新战略联盟风险主要源于"联盟外部环境的不确定性""联盟机遇识别失误""联盟成员选择不妥""联盟成员间信任缺失""联盟成员间有效沟通不足""联盟治理机制不合理或不完善"六个方面。在借鉴裴斐和尹学群等研究成果的基础上,结合以上对于"产业技术创新战略联盟生命周期"以及"联盟风险诱因"的分析,构建了面向产业技术创新战略联盟全生命周期的风险防控模型。该模型由"联盟风险防控目标"

"联盟风险防控总体策略""联盟风险管理组织""联盟风险防控的基本方法与工具""联盟风险防控外部环境""联盟风险防控内部措施"六个部分组成,其中"联盟风险防控内部措施"为该模型的核心要素,而其他五个部分为非核心要素。

(6) 基于多层次模糊综合评价的产业技术创新战略联盟成员选择模型。

通过文献调研发现,现有关于"技术联盟成员选择"的研究成果中存在着诸如指标体系繁杂、评价方法不科学以及可操作性差等问题。鉴于此,本书从"相容性""信誉""互补性"三个维度选取了"合作目标"等11个指标构建评价指标体系,并以一般模糊综合评价方法为基础,通过集成"Theil 不均衡指数权重确定方法",建立了基于模糊综合评价的产业技术创新战略联盟成员选择模型;最后通过数据仿真计算,验证了该模型的合理性。该模型通过评价指标体系的简化和 Theil 不均衡指数权重确定方法的引入,较好地克服了现有相关研究成果中存在的缺陷,具有一定的应用价值。

7.2 本书的创新点

本书的创新之处在于:

(1) 对产业技术创新战略联盟风险管理的"复杂性"进行了简要分析,认为产业技术创新战略联盟风险管理系统可以被视做一个开放的复杂巨系统,该复杂巨系统具有开放性、动态性、非线性、涨落和自组织等复杂性特征;

基于以上分析，通过引入"综合集成方法"，构建了"产业技术创新战略联盟风险管理的 HWME 模型"。该模型通过 HWME 的建立，对产业技术创新战略联盟风险管理的相关要素（如风险管理知识、风险管理专家智慧和以大型计算机为代表的机器智能等）进行了综合集成。此外，该模型还提供了一种持续的风险管理控制和反馈机制，从而能够对产业技术创新战略联盟风险实现持续动态的管理。

（2）基于"产业技术创新战略联盟风险管理系统可以视做一个开放的复杂巨系统"这一结论，将"综合集成方法"引入联盟风险识别问题的研究中，提出了"基于综合集成方法的产业技术创新战略联盟风险识别模型"。该模型具体包括三个逐渐深入的层次，即"定性综合集成""定性定量相结合综合集成""从定性到定量综合集成"。通过以上三个层次，该模型实现了联盟风险识别的定性分析和定量分析的有机综合。此外，本书还运用此模型，对国内某新兴产业技术创新战略联盟风险进行了实例分析，构建了该产业技术创新战略联盟的风险因素体系。该产业技术创新战略联盟风险因素体系分为"绩效风险""关系风险""知识产权风险"三个方面，具体包括"产业政策变化""机会主义行为""知识泄露"等 24 个风险因素。

（3）针对"产业技术创新战略联盟风险评价过程中同时存在模糊性和灰色性"这一特征，在一般模糊综合评价模型的基础上，通过引入"点灰度"和"广义三角模算子"，并运用层次分析法和粗糙集进行组合赋权，构建了产业技术创新战略联盟风险的灰色模糊综合评价模型。相对于一般模糊综合评价模型，该模型有两点改进：一是通过引入"点灰度"和"广义三角模算子"，对评价过程中存在的"评价信息灰度"问题进行了合理处理；二是通过运用层次分析法和粗糙集进行组合赋权，将主、客观赋权方法进行有机集成，在吸收两类赋权方法优点的同时，又克服了两类赋权方法各自存在的缺陷。

（4）从"相容性""信誉""互补性"三个维度选取"合作目标"等11个指标构建了产业技术创新战略联盟成员评价指标体系，并以一般模糊综合评价方法为基础，通过集成"Theil 不均衡指数权重确定方法"，建立了基于模糊综合评价的产业技术创新战略联盟成员选择模型；该模型通过评价指标体系的简化和 Theil 不均衡指数权重确定方法的引入，克服了现有相关研究成果中存在的缺陷。

7.3 研究展望

本书在广泛借鉴现有研究成果的基础上，对产业技术创新战略联盟风险的识别、评价和防控问题进行了较为系统的研究。以上研究，虽然取得了一定的研究结论，但由于时间、精力以及研究主题等因素的限制，对部分问题的探讨还不够深入，有待我们作进一步研究。

（1）产业技术创新战略联盟风险管理系统及其复杂性的深入研究。在第3章中，提出了产业技术创新战略联盟风险管理系统的概念，并对其复杂性进行了探讨。但由于研究主题的限制，并未作进一步的深入研究。因此，在接下来的研究中，可以基于系统理论和复杂性科学，对联盟风险管理系统及其复杂性作进一步的理论深究和实证探讨，以加深对联盟风险管理系统及其复杂性的认识。

（2）产业技术创新战略联盟风险来源和风险传导路径的分析。在第4章中，对产业技术创新战略联盟风险识别问题研究进行了分析，并提出了一个由"产业政策变化"等24个变量所组成的联盟风险因素体系。该体系中并非所有的风险因素都会直接诱发联盟风险，某些因素可能只是间接作用于联盟风险。鉴于此，在接下来的研究中，可以尝试运用结构方程模型（SEM）分析各风险因素作用机理，探究联盟风险传导路径，为联盟风险管理机制的具体设计提供指引，最终达到"提高联盟风险管理的效率和降低风险管理成本"的目的。

（3）产业技术创新战略联盟风险管理HWME的深入研究。本书基于综合集成方法，构建了产业技术创新战略联盟风险管理的HWME模型。在接下来的研究中，可以考虑对联盟风险管理HWME模型的"组成要素""运作机制"和"基于WEB技术的计算机建模"等问题作进一步的深入研究，以提高联盟风险管理HWME的可操作性。

参考文献

陈佳贵，1995，《关于企业生命周期与企业蜕变的探讨》，《中国工业经济》第 11 期，第 26~28 页。

陈翔峰，2003，《产学研的激励兼容机制分析》，《杭州科技》第 1 期，第 33~34 页。

冯蔚东、陈剑、赵纯均，2001，《虚拟企业中的风险管理与控制研究》，《管理科学学报》第 4（3）期，第 1~8 页。

龚红、李燕萍，2010，《产业技术创新战略联盟研究综述及其最新进展》，《中国科技产业》第 7 期，第 49~51 页。

顾新、李久平、王维成，2007，《基于生命周期理论的知识链管理研究》，《科学学与科学技术管理》第 3 期，第 98~103 页。

桂萍，2008，《企业研发联盟 O－SCP 风险源分析》，《科技管理研究》第 12 期，第 335~336 页。

郭军灵，2003，《技术联盟中的合作伙伴选择》，《科研管理》第 6 期，第 109~113 页。

何瑞卿、黄瑞华、李研，2007，《基于知识外溢的合作研发知识产权风险及其影响因素分析》,《科研管理》第 28（4）期,第 88~94 页。

何瑞卿、黄瑞华、徐志强,2006,《合作研发中的知识产权风险及其阶段表现》,《研究与发展管理》第 18（6）期,第 77~82 页。

华金秋、华金科,2006,《研发联盟风险及其防范》,《科技管理研究》第 5 期,第 85~86 页。

黄立冬,2007,《新药合作研发的风险管理研究》,沈阳工业大学硕士论文。

黄敏、杨红梅、王兴伟,2004,《基于模糊综合评判的虚拟企业风险评价》,《数学的实践与认识》第 6 期,第 45~51 页。

黄瑞华、苏世彬,2008,《合作创新中隐性知识转移引发的商业秘密风险主要影响因素分析》,《科研管理》第 29（1）期,第 74~79 页。

姜冠杰、黄敏、金大吴,2005,《基于马尔可夫过程的虚拟企业动态风险评价方法的研究》,《鞍山科技大学学报》第 28（3-4）期,第 247~251 页。

姜照华,1996,《科技进步在经济增民中的贡献率的测算方法与提高策略》,哈尔滨工业大学出版社,第 25~36 页。

兰荣娟,2010,《动态联盟风险识别、评估及防控研究》,北京交通大学博士论文。

雷永、徐飞,2007,《产学研联盟问题研究综述》,《上海管理科学》第 5 期,第 78~81 页。

李东红,2002,《企业联盟研发：风险与防范》,《中国软科学》第 10 期，第 47~50 页。

李东红、李蕾，2009，《组织间信任理论研究回顾与展望》，《经济管理》第 4 期，第 173~177 页。

李纲、刘益、廖貅武，2007，《基于吸收能力和知识溢出的合作研发模型》，《系统工程》第 12 期，第 70~74 页。

李廉水，1998，《论产学研合作创新的组织方式》，《科研管理》第 19（1）期，第 30~33 页。

李新男，2007，《创新"产学研结合"组织模式，构建产业技术创新战略联盟》，《中国软科学》第 5 期，第 9~12，42 页。

李占强，2006，《R&D 项目风险评价指标体系及其评价方法研究》，西南石油大学硕士论文。

梁吉业、曲开社、徐宗本，2001，《信息系统的属性约简》，《系统工程理论与实践》第 12 期，第 76~80 页。

刘学、庄乾志，1998，《合作创新的风险分摊与利益分配》，《科研管理》第 19（5）期，第 31~35 页。

罗吉文，2009，《产学研合作技术创新的风险识别与防治》，《统计与决策》第 24 期，第 68~70 页。

任荣、徐向艺，2010，《基于联盟生命周期演进的企业合作创新关键因素管理》，第五届（2010）中国管理学年会。

阮平南、李红，2010，《基于生命周期理论的战略联盟演化分析》，《武汉理工大学学报》第 10 期，第 180~183 页。

宋明哲，2003，《现代风险管理》，中国纺织出版社。

苏敬勤，1999，《产学研合作创新的交易成本及内外部化条件》，《科研管理》第 20（5）期，第 68~72 页。

苏世彬、黄瑞华，2007，《基于风险矩阵的合作创新隐性知识转移风险分析与评估》,《科研管理》第 28（2）期,第 27～34 页。

索玮岚、樊治平、冯博,2008,《一种合作研发风险因素识别方法》,《运筹与管理》第 17（2）期,第 62～67 页。

唐坤、卢玲玲,2004,《建筑工程项目风险与全面风险管理》,《建筑经济》第 4 期,第 49～52 页。

唐璐,2007,《企业技术联盟风险评价研究》,大连理工大学硕士论文。

汪轩正、张霜、姚亚平,2009,《基于生命周期理论的战略联盟不稳定性研究》,《科技创业月刊》第 12 期,第 51～53 页。

汪忠、黄瑞华,2005,《合作创新的知识产权风险与防范研究》,《科学学研究》第 3 期,第 419～424 页。

王飞绒,2008,《基于组织间组织学习的技术联盟与企业创新绩效关系研究》,浙江大学博士论文。

王宏伟、孙建峰、吴海欣等,2006,《现代大型工程项目全面风险管理体系研究》,《水利水电技术》第 2 期,第 103～105 页。

王文岩、孙福全、申强,2008,《产学研合作模式的分类、特征及选择》,《中国科技论坛》第 5 期,第 37～40 页。

王晓新、邹艳、叶金福,2008,《企业合作创新伙伴选择的多层次优属度评价》,《科技进步与对策》第 7 期,第 65～67 页。

王笑君、朱强,2001,《论产学研联合技术创新风险承担的合理性》,《软科学》第 4 期,第 56～58 页。

吴勤堂,2003,《企业技术联盟及其风险分析》,《财贸经济》第1期。

吴婷、李德勇、吴绍波，2010，《基于生命周期的产学研联盟冲突管理研究》，《学术论坛》第3期，第198～201页。

肖洪钧、袁钦华，2007，《基于 Delphi 法的知识联盟合作伙伴评价指标体系构建》，《科技与管理》第5期，第20～22页。

谢科范，1999a，《技术创新的风险因素及其实证分析》，《科技进步与对策》第3期，第56～58页。

谢科范，1999b，《联合创新的收益配置与风险配置》，《科技进步与对策》第5期，第55～56页。

谢科范、桂萍、张涛，2001，《高科技企业战略联盟的生命周期》，《科学学研究》第4期，第32～36页。

辛爱芳，2004，《析产学研合作中的合作模式选择》，《企业经济》第9期，第62～63页。

辛爱芳，2005，《产学研合作中的合作风险分析》，《企业经济》第8期，第24～25页。

邢乐斌、王旭、徐洪斌，2010，《产业技术创新战略联盟利益分配风险补偿研究》，《统计与决策》第14期，第63～64页。

徐恩波，2001，《试论产学研结合的基础、方式与风险性》，《科技与管理》第1期，第44～47页。

许学斌，2005，《动态联盟风险分析与规避策略研究》，《现代管理科学》第4期，第70～72页。

闫琨、黎涓，2004，《虚拟企业风险管理中模糊综合评判法的应用》，《工业工程》第3期，第40～43页。

杨建君等，2009，《合作创新的伙伴选择：一个综合评价体系》，《科技管理研究》第1期，第6～9页。

杨丽娟，2007，《产学研联盟风险预警指标体系及模糊综合评价方法》，《价值工程》第 11 期，第 130~133 页。

叶飞、孙东川，2004，《面向生命周期的虚拟企业风险管理研究》，《科学学与科学技术管理》第 25（11）期，第 130~133 页。

叶小青、徐瑜，2003，《企业—高校合作创新的信息不对称博弈分》，《科研管理》第 24（5）期，第 88~91 页。

伊查克·爱迪思，1997，《企业生命周期》，中国社会科学出版社。

尹学群，2010，《基于全生命周期的企业战略联盟风险防范体系设计》，《生产力研究》第 9 期，第 191~193 页。

余平、黄瑞华，2005，《基于合作创新虚拟企业的知识产权风险及对策研究》，《科技管理研究》第 10 期，第 112~114 页。

翟运开，2007，《基于知识转移的合作创新风险传导研究》，《武汉理工大学学报（社会科学版）》第 20（6）期，第 747~750 页。

张宝贵，2007，《基于第三方担保的研发联盟风险防范机制研究》，《科学学研究》第 25（1）期，第 138~140 页。

张春勋、刘伟，2007，《合作技术创新的风险因素识别及模糊评价研究》，《科学学与科学技术管理》第 8 期，第 77~83 页。

张坚，2007，《知识资源与企业技术联盟的一般界定》，《商业研究》第 10 期，第 89~93 页。

张建新、孙树栋，2010，《产学研合作过程中的风险研究》，《经济纵横》第 6 期，第 110~113 页。

张米尔、武春友，2001，《产学研合作创新的交易费用》，

《科学学研究》第 19（1）期，第 89~92 页。

张平、樊胜利、李秀芬，2009，《合作创新风险的测评方法研究》，《科技管理研究》第 2 期，第 74~76 页。

张青山、游金，2005，《企业动态联盟风险转移机制研究》，《管理评论》第 12 期，第 44~48 页。

张少杰、任伶，2008，《知识创新联盟风险分析及其防范》，《情报科学》第 10 期，第 1491~1493，1517 页。

张延锋，2006，《战略联盟中合作风险与信任、控制间关系的实证研究》，《研究与发展管理》第 10 期，第 29~34 页。

钟书华，1998，《技术联盟：类型、效益与成本分析》，《科学学与科学技术管理》第 19（8）期，第 25~27 页。

周明、唐萌春，2007，《基于生命周期理论的战略联盟不稳定性研究》，《科学学与科学技术管理》第 7 期，第 157~161 页。

朱明月，2008，《公共科研机构绩效评价的指标与方法》，《山东纺织经济》第 6 期，第 24~26 页。

朱泽、谢颖、徐金发，2000，《战略联盟的生命周期和管理》，《科技进步与对策》第 5 期，第 94~96 页。

Al-Bahar J., Crandall K.. 1990. "Syatematic Risk Management Approach for Construction Project." *Journal of Construction Engineering and Management*, 116 (3): 533–546.

Alfredo Delcano. 2002. "Integrated Mechodology for Project Risk Management." *Journal of Construction Engineering and Management*, (4): 473–485.

Allen N. Berger, Scott W. Frame and Nathan H. Miller. 2005.

"Credit Scoring and the Availability, Price, and Risk of Small Business Credit." *Journal of Money, Credit and Banking*, 37 (2): 191 – 222.

Anette Bolstad, Vidar Pedersen. 2010. "International Market Expansion Strategies for High-Tech Firms: Examining the Importance of Different Partner Selection Criteria when Forming Strategic Alliances." *International Journal of Business and Management*, 5 (1): 20 – 30.

Azaroff, L. V.. 1982. "Industry-University Collaboration: How to Make it Work." *Research Management*, 25 (3): 31 – 34.

Berman M. Evan. 1990. "R & D Consortia: Impact on Competitiveness." *Journal of Technology Transfer*, 15 (3): 5 – 12.

Boehm, B. W.. 1991. "Software Risk Management: Principles and Practices." *Software, IEEE*, (1): 32 – 41.

Bronwyn H. Hall, Albert N. Link, John T. Scott. 2000. "Universities as Research Partners." http://www.atp.nist.gov/eao/gcr02 – 829/gcr02 – 829.pdf.

Brouthers, K. D., Brouthers, L. F., Wilkinson T. J.. 1995. "Strategic Alliances: Choose your Partners." *Long Range Planning*, 28 (3): 18 – 25.

Bruhn, J. G. . 1995. "Beyond discipline. Creating a culture for interdisciplinary research." *Integrative Physiological and Behavioral Science*, 30: 331 – 341.

Caldeira. 2003. "Strategic Alliance and Innovation Projects Success." The ISPIM Conference.

C. B. Chapman, Stephen Ward, Stephen C. Ward. 2003. *Project Risk Management: Processes, Techniques, and Insights.* John Wiley & Sons, Ltd.

Chesbrough H.. 2003. "The Era of Open Innovation." *MIT Slogan Management Review*, 44 (3): 35 – 41.

Cyert, R. M., Goodman, P. S.. 1997. "Creating Effective University-Industry Alliances: An Organizational Learning Perspective." *Organizational Dynamics*, 8 (37): 45 – 57.

C. Marxt, A. Staufer, A. Bichsel. 1998. "Innovation cooperation." *Journal of product Innovation Management*, 15 (5): 55 – 59.

C. Arthur Williams, Peter Young, Michael Smith. 1997. *Risk Management and Insurance*, McGraw-Hill Pub lishing Co.

C. Marxt, A. Staufer, A. Bichsel. 1998. "Innovations Cooperation." *Journal of Product Inno Vation Management*, 5: 55 – 59.

Das, T. K., Bing-sheng Teng. 1999. "Managing Risks in Strategic Alliance." *Academy of Management Executive*, 13 (4): 50 – 63.

Das, T. K., Bing-teng Teng. 2002. "A Resource Based Theory Strategie Alliance." *Journal of Management*, (1): 31 – 61.

Das, T. K., Teng B. S.. 1998. "Resource and Risk Management in the Strategic Alliance Making Process." *Journal of Management*, (24): 21 – 42.

Das, T. K., Teng B. S.. 2000. "A Resource-based Theory of Strategic Alliances." *Journal of Management*, (26): 31 – 61.

Das, T. K., Teng, B. S.. 2001. "A Risk Perception Model of Alliance Structuring." *Journal of International Management*, (7): 1-29.

Das, T. K., Teng, B. S.. 2003. "Partner Analysis and Alliance Performance." *Scandinavian Journal of Management*, (19): 279-308.

David Faulkner, John Child. 1998. *Strategies of Cooperation: Managing Alliances, Networks, and Joint Ventures.* Oxford University Press: 67-68.

Dierdonck, R. V., Debackere, K.. 1988. "Academic Entrepren-eurship at Belgian University." *R & D Management*, 18 (4): 341-353.

D. Littler. 1995. "Factors Affecting the Process of Collaborative Product Development." *Journal of Product Innovation Management*, 12 (1): 16-32.

Frank T. Rothaermel. 2001. "Incumbent's advantage through exploiting complementary assets via interfirm cooperation." *Strategic Management Journal*, 22 (6-7): 687-699.

F. G. Crane. 1984. *Insurance Principles and Practices.* Wiley.

Geisler, E.. 1995. "Industry-University Technology Cooperation: A Theory of Inter-Organizational Relationships." *Technology Analysis and Strategic Management*, 7 (2): 217-229.

Hagedoom, Link & Vonotas. 2000. "Research Partnerships." *Research Policy*, 29 (4-5): 567-586.

Hennart, J. F.. 1988. "A Transaction Cost Theory of Equity

Joint Ventures." *Strategic Management Journal*, 9: 361-374.

Hennart, Roehl & Zietlow. 1999. "'Trojan Horse' or 'Work Horse'? The evolution of U. S. -Japanese joint venture in the United States." *Strategic Management Journal*, 20 (1): 14-29.

Hertz, D. B., Thomas H.. 1983. *Risk and Analysis: Its Application*. John Wiley and Sons, Inc.

H. Ren. 1994. "Risk Life Cycle and Risk Relationships on Construction Projects." *International Journal of Project Management*, 12 (2): 68-74.

Inkpen, A. C., P. W. Beamish. 1997. "Knowledge, Barrgaining Power and the Instability of International Joint Venture." *Academic Management Review*, (15): 177-202.

Jaafari. 2001. "Management of Risks, Uncertainties and Opportunities on Projects: Time for a Fundamental Shift." *International Journal of Project Management*, 19 (2): 89-101.

Joanna Poyago-Theotoky, John Beath, Donald S. Siegel. 2002. "Universities and Fundamental Research: Reflections on the Growth of University-Industry Partnerships." *Oxford Review of Economic Policy*, 18 (1): 10-21.

J. S. Rosenbloom. 1972. *A Case Study in Risk Management*. Prentice Hall.

Kathryn Rudie Harrigan. 1986. *Strategic Alliance and Partner Asymmetries*. Graduate School of Business, Columbia University: 15-18.

Kyu Kim, Bipin Prabhakar. 2000. "Initial Trust, Perceived

Risk and the Adoption of Internet Banking." Proceeding ICIS'00 Proceedings of the Twenty First International Conference on Information Systems: 239 – 253.

K. R. Harrigan. 1988. "Joint Ventures and Competitive Strategy." *Strategic Management Journal*, 9 (2): 141 – 158.

L. G. Zucker. 1986. "Production of Trust: Institutional Source of Economic Structure 1840 – 1920." *Research in Organizational Behavior*, (8): 53 – 111.

Madhok, A., Tallman S. B.. 1998. "Resources, Transactions and Rents: Managing Value in Interfirm Collaborative Relationships." *Organization Science*, 9 (3): 326 – 339.

Michael D. Hutt. 2000. "Defining the Social Network of Strategic Alliances." *Sloan Management Review*, 41 (2): 51 – 62.

Miller, K. D.. 1992. "A Framework for Integrated Risk Management in International Business." *Journal of International Business Studies*, 23 (2): 311 – 331.

Ming Zeng, Xiaoping Chen. 2003. "Achieving Cooperation in Multiparty Alliances: a Social Dilemma Approach to Partnerships Management." *Academic Management Review*, 28 (4): 587 – 605.

Mohr, J. J., Gundlach, G. T. & Spekman, R.. 1994. "Legal ramification of strategic alliances." *Marketing Management*, 3 (2): 38 – 46.

Narayanan, V. K., 2002,《技术战略与创新——竞争优势的源泉》,电子工业出版社,第23～28页。

Osborn Richarda, N. Baughn, C. Christopher. 1990. "Forms of Interorganizational Governance for Multinational Allianees." *Aeademy of Management Journal*, 33 (3): 503 - 520.

Parkhe, A.. 1993. "Strategic Alliance Structuring: a Game Theory and Transaction Cost Examination of Interfirm Cooperation." *Academy of Management Journal*, 36 (6): 794 - 829.

Ralph L. Kliem, Irwin S. Ludin. 1997. *Reducing Project Risk*. Gower Publishing, Ltd.

Ranjay Gulati. 1995. "Social Structure and Alliance Formation Patterns: A Longitudinal Analysis." *Administrative Science Quarterly*, 40 (4): 619 - 652.

Reshma H. Shah 1, Vanitha Swaminathan. 2008. "Factors Influencing Partner Selection in Strategic Alliances: the Moderating Role of Alliance Context." *Strategic Management Journal*, 29 (5): 471 - 494.

Ring, P. S., Van de Ven, A. H.. 1994. "Developmental processes of cooperative interorganizational relationships." *Academy of Management Review*, (19): 90 - 118.

Robert N. Charette. 1989. *Software Engineering Risk Analysis and Management*. McGraw-Hill, Inc.

R. h. Coase. 1937. "The Nature of the Firm." http://www.jstor.org/discover/10.2307/2626876?uid=2&uid=4&sid=21103179184391.

R. W. Hayes, J. G. Perry, G. Wilmer. 1987. *Risk Management* in *Engineering Construction Implications for Project Managers*. Project Management Group, MIST, Thomas Telford Ltd.

Seung Ho Park, Gerardo R. Ungson. 1997. "The Effect of National Culture, Organizational Complementarity and Economic Motivation on Joint Venture Dissolution." *Academy of Management Journal*, 40: 279-307.

Teece, D. J.. 1992. "Competition, Cooperation and Innovation: Organizational Arrangements for Regimes of Rapid Technological Progress." *Journal of Economic Behavior and Organization*, 18 (1): 1-25.

Vilkam & Keil. 2003. "Strategic Technology Partnering in High Velocity Enviroments-lessons from a Case Study." *Technovation*, 23 (3): 193-204.

V. M. Rao Tummala, Cheryl L. M. Phillips, Melanie Johnson. 2006. "Assessing supply chain management success factors: a case study." *Supply Chain Management: An International Journal*, 11 (2): 179-192.

V. M. R. Tummala, M. Mnkasu, K. B. Chuah. 1994a. "A Framework for Project Risk Management." *ME Research Bulletin*, (2): 145-171.

V. M. R. Tummala, M. Mnkasu, K. B. Chuah. 1994b. "A Systematic Approach to Risk Management." *Journal of Mathematical Modeling and Scientific Computing*, (4): 174-184.

Whetten, D. A. & Leung, T. K. 1979. "The instrumental value of inter-organizational relations: antecedents and consequences of linkage formation." *Academy of Management Journal*, 22 (2): 325-347.

Oliver E. Williamson. 1971. "The Vertical Integration of Production: Market Failure Considerations." *American Economic Review*, 61: 112-127.

Yan and Zeng, M.. 1999. "International Joint Venture Instability: a Critique of Previous Research, a Reconceptualization, and Directions for Future Research." *Journal of International Business Studies*, 30 (2): 397-414.

附录 A 产业技术创新战略联盟风险因素开放式调查问卷

尊敬的先生/女士：

您好！首先对您的参与表示衷心的感谢。

我叫戴彬，是西华师范大学商学院的一名教师，正在进行一项名为"产业技术创新战略联盟风险的识别、评价和防控研究"的研究。为了获取研究所需的实证分析数据，特进行此次问卷调查。

本次调查工作的主要目的在于了解您对"产业技术创新战略联盟风险因素"的相关认识，您的意见将为本研究提供不可或缺的帮助。本问卷调查采用匿名填答形式，所获得的数据和信息仅供我们学术研究之用，我们将严格遵守学术研究之道德规范，不以任何形式向任何个人或组织泄露贵单位的任何信息。

再次衷心感谢您的帮助和支持。

敬祝

工作顺利，事业通达！

西华师范大学商学院 戴彬

附录 A　产业技术创新战略联盟风险因素开放式调查问卷

请在以下空白处列出 10 项您所认为的产业技术创新战略联盟主要风险因素：

（1）_____　　（2）_____

（3）_____　　（4）_____

（5）_____　　（6）_____

（7）_____　　（8）_____

（9）_____　　（10）_____

附录 B　产业技术创新战略联盟风险因素赞同度调查问卷

尊敬的先生/女士：

您好！首先对您的参与表示衷心的感谢。

我叫戴彬，是西华师范大学商学院的一名教师，正在进行一项名为"产业技术创新战略联盟风险的识别、评价和防控研究"的研究。为了获取研究所需的实证分析数据，特进行此次问卷调查。

本次调查工作主要的目的在于了解您对下表中所列出的"产业技术创新战略联盟风险因素"的赞同程度，您的意见将为本研究提供不可或缺的帮助。本问卷调查采用匿名填答形式，所获得的数据和信息仅供我们学术研究之用，我们将严格遵守学术研究之道德规范，不以任何形式向任何个人或组织泄露贵单位的任何信息。

再次衷心感谢您的帮助和支持。

敬祝

工作顺利，事业通达！

西华师范大学商学院　戴彬

附录 B 产业技术创新战略联盟风险因素赞同度调查问卷

产业技术创新战略联盟风险因素赞同度调查表

联盟风险因素	很不赞同	不赞同	不确定	赞同	很赞同
灾害、战争					
经济危机					
产业政策变化					
市场需求变化					
市场竞争激烈					
市场进入时机不佳					
技术成熟度不足					
技术先进性不足					
联盟技术能力不足					
联盟管理能力不足					
研发经费短缺					
研发成本超支					
成员文化不兼容					
成员目标不兼容					
成员管理不兼容					
成员技术不兼容					
成员间信任缺乏					
机会主义行为					
利益分配不公平					
知识泄露					
知识被盗用、模仿					
知识输出方自我保护					
知识接收方虚假接受					
知识破损					

注：请在表中相应位置画"√"。

附录 C 产业技术创新战略联盟风险评价指标重要度调查问卷

尊敬的先生/女士:

您好！首先对您的参与表示衷心的感谢。

我叫戴彬，是西华师范大学商学院的一名教师，正在进行一项名为"产业技术创新战略联盟风险的识别、评价和防控研究"的研究。为了获取研究所需的实证分析数据，特进行此次问卷调查。

本次调查工作的主要目的在于了解您对下表中所列出的产业技术创新战略联盟风险评价指标重要度的判断，您的意见将为本研究提供不可或缺的帮助。本问卷调查采用匿名填答形式，所获得的数据和信息仅供我们学术研究之用，我们将严格遵守学术研究之道德规范，不以任何形式向任何个人或组织泄露贵单位的任何信息。

再次衷心感谢您的帮助和支持。

敬祝

工作顺利，事业通达！

西华师范大学商学院 戴彬

附录C 产业技术创新战略联盟风险评价指标重要度调查问卷

产业技术创新战略联盟风险评价指标重要度调查表

联盟风险评价指标	很重要	重要	不确定	不重要	很不重要
灾害、战争风险					
经济危机风险					
产业政策风险					
市场需求风险					
市场竞争风险					
市场进入时机风险					
技术成熟度风险					
技术先进性风险					
联盟技术能力风险					
联盟管理能力风险					
研发经费风险					
研发成本风险					
成员文化不兼容风险					
成员目标不兼容风险					
成员管理不兼容风险					
成员技术不兼容风险					
成员间信任风险					
道德风险					
利益分配风险					
知识泄露风险					
知识被盗用、模仿风险					
知识输出方自我保护风险					
知识接收方虚假接受风险					
知识破损风险					

注：（1）请在表中相应位置画"√"。

附录 D　产业技术创新战略联盟风险水平和信息把握度调查问卷

尊敬的先生/女士：

您好！首先对您的参与表示衷心的感谢。

我叫戴彬，是西华师范大学商学院的一名教师，正在进行一项名为"产业技术创新战略联盟风险识别、评价和防控研究"的研究。为了获取研究所需的实证分析数据，特进行此次问卷调查。

本次调查工作的主要目的在于了解您对您所在产业技术创新战略联盟风险水平的判断以及做出相应判断的信息把握程度，您的意见将为本研究提供不可或缺的帮助。本问卷调查采用匿名填答形式，所获得的数据和信息仅供我们学术研究之用，我们将严格遵守学术研究之道德规范，不以任何形式向任何个人或组织泄露贵单位的任何信息。

再次衷心感谢您的帮助和支持。

敬祝

工作顺利，事业通达！

西华师范大学商学院　戴彬

附录 D 产业技术创新战略联盟风险水平和信息把握度调查问卷

产业技术创新战略联盟风险水平和信息把握度调查表

联盟风险评价指标	风险程度					信息把握程度				
	很小	较小	中等	较大	很大	很充分	充分	一般	贫乏	很贫乏
灾害、战争风险										
经济危机风险										
产业政策风险										
市场需求风险										
市场竞争风险										
市场进入时机风险										
技术成熟度风险										
技术先进性风险										
联盟技术能力风险										
联盟管理能力风险										
研发经费风险										
研发成本风险										
成员文化不兼容风险										
成员目标不兼容风险										
成员管理不兼容风险										
成员技术不兼容风险										
成员间信任风险										
道德风险										
利益分配风险										
知识泄露风险										
知识被盗用、模仿风险										
知识输出方自我保护风险										
知识接收方虚假接受风险										
知识破损风险										

注：请在表中相应位置画"✓"。

后 记

2007年6月10日，来自数十家企业、高校和科研院所的主要负责人在北京签约成立了钢铁可循环流程技术创新战略联盟、新一代煤（能源）化工产业技术创新战略联盟、煤炭开发利用技术创新战略联盟和农业装备产业技术创新战略联盟。自此，"产业技术创新战略联盟"这一新型的技术合作创新组织形式在我国得到了迅速发展。与联盟迅速发展相伴而生的是联盟风险及其管理问题。有鉴于此，笔者在四川大学攻读博士学位期间，在恩师屈锡华教授的指导下，围绕"产业技术创新战略联盟风险及其管理"这一问题展开了深入研究，取得了一些研究成果，这为本书的写作和出版奠定了基础。

本书选题至今不知不觉已有三个年头，书稿即将完成之时，感概良多，纵有千言万语也难以准确表达。此时此刻，唯能化繁为简，以"感谢"两个字来概括。

感谢我的恩师屈锡华教授，在他的悉心指导下，我完成了博士阶段的基础理论学习、文章公开发表和学位论文撰写等学习和科研任务。在此，我要向屈老师表示最诚挚的感谢和最崇高的敬意！屈老师严谨的治学态度，科学的治学方法，超前的学术意识，令学生如沐春风、备受启迪；屈老师严于律己、宽以待人的长者风范，朴实无华、平易近人的学者魅力，乐观豁达的处世态度，让学生耳濡目染、潜移默化。此时此刻我已无法用准确而生动的语言来描述对导师的感激，只好将其深深地埋在心底，并化作对恩师一道真诚的祝福：愿屈老师永远幸福安康！

感谢四川大学商学院的徐玖平教授、任佩瑜教授和毛道维教授等老师。他们精彩而极富启发的授课和点拨，使我的专业理论水平得到很大的提高，为进一步开展研究工作提供了坚实的理论基础。

感谢四川大学商学院的其他老师，特别是研究生办公室的陈老师、向老师和张老师等老师，正是以上各位老师的辛勤付出，为我提供了一个良好的学习和研究平台。

感谢李宏伟等同门师弟、师妹，感谢工商管理学院博2008级的全体同学，我会倍加珍惜与他们从相识到相知中结下的深厚友谊。

感谢西华师范大学商学院的各位领导和同事，正是他们的大力支持和帮助，才让我有充足的时间和精力完成本书的写作和出版！

感谢我的家人，正是他们的无私关爱、支持和鼓励助我克服种种困难，最终顺利完成本书。

本书的出版，得到了西华师范大学出版基金、西华师范大学科研启动基金的资助，得到了社会科学文献出版社以及该社王玉敏编辑的大力支持和帮助，在此一并感谢。

希望本书能为相关人士提供帮助和借鉴。由于笔者水平有限，书中定有不足之处，恳请各位专家、学者批评指正！

戴 彬

2013 年深秋于果城南充

图书在版编目(CIP)数据

产业技术创新战略联盟风险管理研究/戴彬著.
—北京：社会科学文献出版社，2013.12
 ISBN 978 - 7 - 5097 - 5560 - 0

Ⅰ.①产… Ⅱ.①戴… Ⅲ.①产业 - 技术革新 - 风险管理　Ⅳ.①F062.4

中国版本图书馆 CIP 数据核字 (2013) 第 320176 号

产业技术创新战略联盟风险管理研究

著　　者 / 戴　彬

出 版 人 / 谢寿光
出 版 者 / 社会科学文献出版社
地　　址 / 北京市西城区北三环中路甲 29 号院 3 号楼华龙大厦
邮政编码 / 100029

责任部门 / 全球与地区问题出版中心　　责任编辑 / 王玉敏　张文静
　　　　　 (010) 59367004　　　　　　 责任校对 / 杜若佳
电子信箱 / bianyibu@ ssap. cn　　　　　 责任印制 / 岳　阳
项目统筹 / 王玉敏
经　　销 / 社会科学文献出版社市场营销中心 (010) 59367081　59367089
读者服务 / 读者服务中心 (010) 59367028

印　　装 / 三河市尚艺印装有限公司
开　　本 / 787mm×1092mm　1/16　　印　张 / 15.25
版　　次 / 2013 年 12 月第 1 版　　　　 字　数 / 209 千字
印　　次 / 2013 年 12 月第 1 次印刷
书　　号 / ISBN 978 - 7 - 5097 - 5560 - 0
定　　价 / 49.00 元

本书如有破损、缺页、装订错误，请与本社读者服务中心联系更换
▲ 版权所有　翻印必究